国家民委民族研究青年项目“民族地区乡村振兴视域下牧区城镇化研究”（2019－GMC－029）结项成果
国家社会科学基金项目“改革开放40年牧区城镇化发展的制约因素与路径探寻研究”（19BMZ123）阶段性研究成果

乡村振兴视域下牧区新型城镇化研究

拓俊杰　著

中国经济出版社
CHINA ECONOMIC PUBLISHING HOUSE
·北京·

图书在版编目（CIP）数据

乡村振兴视域下牧区新型城镇化研究／拓俊杰著
. --北京：中国经济出版社，2021.9
ISBN 978－7－5136－6631－2

Ⅰ.①乡… Ⅱ.①拓… Ⅲ.①牧区－城市化－发展－研究－中国 Ⅳ.①F299.21

中国版本图书馆 CIP 数据核字（2021）第 186893 号

策划编辑　余静宜
责任编辑　耿　园
责任印制　巢新强
封面设计　任燕飞工作室

出版发行　中国经济出版社
印 刷 者　北京中石油彩色印刷有限责任公司
经 销 者　各地新华书店
开　　本　710mm×1000mm　1/16
印　　张　13.5
字　　数　211 千字
版　　次　2021 年 9 月第 1 版
印　　次　2021 年 9 月第 1 次
定　　价　78.00 元
广告经营许可证　京西工商广字第 8179 号

中国经济出版社 **网址** www.economyph.com **社址** 北京市东城区安定门外大街 58 号 **邮编** 100011
本版图书如存在印装质量问题，请与本社销售中心联系调换（联系电话：010－57512564）

目 录
Contents

第一章　绪论

一、研究背景

城镇化作为一个经济和社会发展的动态演进过程，既是现代化的必由之路，也是内需的潜力和动力所在；既包括城镇的兴盛、发展和繁荣，也包括“以人为本”的城镇人口生产方式和生活方式的转变。党的十八大以来，党中央先后在中央经济工作会议、中央城镇化工作会议等会议上和十八大报告、“十三五”规划、《中共中央关于全面深化改革若干重大问题的决定》、《全国主体功能区规划》等文件中，就深入推进新型城镇化建设作出了一系列重大决策和部署，并发布了《国家新型城镇化规划（2014—2020年)》。这一系列举措，为我国深入推进新型城镇化建设提出了新要求，明确了新的发展方向，制定了新的战略目标，提供了新的政策保障，为指导我国新型城镇化的持续健康发展，提供了宏观性、战略性和基础性的科学依据。

不同于其他地区，城镇化是牧区维护民族地区和谐发展、实现现代化、走可持续发展道路，进而提高整个牧区的经济、社会指数的必然选择，不仅是一个关系到牧区经济的问题，还是一个关系到民族关系、少数民族和谐发展的问题。由于牧区生态环境特殊、少数民族文化多样、地广人稀等，牧区城镇化问题复杂，投入大、时间紧、困难多，从经济角度看，牧区城镇化效益不高。但是，牧区城镇化不能简单地从经济效益的视角来评价。牧区城镇化应当因地制宜，根据地域特征来确定其发展战略。从牧区的长远发展和现实情况来看，牧区实现现代化、可持续发展以及构建和谐稳定发展社会都需要以牧区城镇化建设为依托。牧区城镇化是缓解草地生态系统矛盾的有效途径，是提高西部牧区社会经济发展水平的必要选择，是实现牧区可持续发展的关键因素。

二、研究意义

本书在中国全面推进新型城镇化的背景下研究牧区城镇化问题。牧区城镇化是中国城镇化问题中的重点问题，更是难点问题。我国牧区主要沿陆地边境线分布，是国家重要的安全屏障，是对外开放格局的前沿；牧区是重要的水资源涵养区，是北方重要的生态屏障；牧区矿产资源丰富，是国家重要的战略资源储备区；牧区是少数民族集中区域，多元文化在此交融，民族团结和谐是地区社会稳定的重要保障。但受牧区生态环境、人居环境的限制，这一区域经济欠发达，贫困人口较多。与人口密集地区的农区的城镇化相比，牧区城镇化难度更大。在新发展理念的指引下，实现牧区新型城镇化是一个重要课题。

在城镇化建设中，国家政策以统一原则和思路引导为主，使得很多省份在城镇化建设中出现了“同质化”的现象，没有较好地贯彻“因地制宜、突出特色、大胆创新”的指导思想，在很大程度上不利于我国新型城镇化的整体发展。实际上，我国不同省份的发展基础、条件、程度和水平不同，在城镇化建设中应充分考虑到“异质性”。内蒙古自治区的城镇化建设是在民族宗教多样性、经济发展滞后性、资源产业集聚性和生态环境脆弱性等因素影响下不断推进的。从内蒙古以往城镇化建设中的经验教训来看，如果不注重各地区的“异质性”特点，新型城镇化的发展进程和水平将严重受阻。当前，内蒙古正处于由城镇化向新型城镇化转型发展的关键阶段，既面临机遇，也存在挑战，如各地区城镇化进程不均衡、少数民族聚居区的牧民收入增长缓慢、城乡居民收入差距逐年扩大、地域特色不够鲜明等。内蒙古牧区是国家重要的畜牧业生产基地，不仅关系到内蒙古全区的整体进步及全面建成小康社会，还关系到国家的粮食安全、生态保护、民族繁荣及边疆稳定。近年来，在内蒙古经济高速增长的同时，牧区发展滞后的压力和结构性矛盾并存，区域间发展不平衡问题更加突出。一直以来，“三牧”问题制约着内蒙古牧区城镇化发展，牧民收入增长相对滞后，牧民需求被忽视，经济转型中的社会矛盾增加，长此以往，边境安定和民族团结将受到威胁。究其原因，本书认为是城镇化发展理念和目标的问题。多年来，发展的重心仍在城市地区，发展的目标忽视了牧区，发展的动力也很单一，工业主导的资源型开发模式不利于牧区城镇化发展。因此，内蒙古城镇化需要重新思考发展路径，调整方向，转变发展方式。

牧区城镇化发展不同于农区，总体上表现出“大分散、小集中”的空间分布特征，非农产业动力不足的产业特征，生态承载力弱、资源利用与环境保护矛盾突出的生态特征，以及由传统文化向城市文化变迁难度大的文化特征，实质上源于牧区特殊的自然地理环境造成的发展与保护之间的内在矛盾。牧区生态承载力的脆弱性、人居环境的限制性，造就了牧区不同区域不同的发展基础，必然导致各区域不同的发展潜力和制约因素。对牧区进行分类是在对牧区各旗县自然发展条件进行定性分析的基础上，对城镇化发展的经济社会主要指标数据进行量化分析，可以得出区域空间角度的差异化特征。边疆民族地区地缘政治的重要性赋予了牧区更多的责任和义务。内蒙古牧区在城镇化进程中应把握机遇，加快发展，处理好发展与保护之间的矛盾，坚持“点上开发，面上保护”的集聚节约化发展模式，优化城镇化空间布局形态，针对不同类型的地区实行分类引导，实现生态环境保护和可持续发展。

三、研究内容

本书共有六章，各章的研究内容具体安排如下。

第一章为绪论。概括性地阐述本书的研究背景与研究意义，为本书的后续研究作铺垫。

第二章为相关概念与理论基础。对与本书研究主题相关的基本概念进行了界定，对支撑本书研究主题的基础理论及相关政策进行了阐述与梳理。

第三章为新型城镇化。不仅分析了全国新型城镇化的现状和特点，还对八个典型民族地区、全国牧区的城镇化特点进行了梳理，指出了新型城镇化进程中的制约因素。并指出，在乡村振兴视域下的新型城镇化建设中，实现农村发展应注重治理方式的合理规划，依据乡村振兴战略的实际要求，在激发乡村活力、发展乡村特色产业之际，结合乡村本土环境，合理规划，使乡村走上善治的文明之路。只有以科学手段推进乡村现代化的治理，以文明乡风共创乡村和谐之风，才能为更好地实现乡村振兴战略聚心凝力，推进乡村现代化城镇建设之路。

第四章为内蒙古新型城镇化。根据内蒙古各地区的自然环境和经济社会发展程度，将内蒙古划分为五种经济类型地区，即典型牧业区、半农半牧区、农业区、林猎区和城市工矿区，分析这五种经济类型区的发展特征。最后指出了内蒙古城镇化进程中存在的问题。

第五章为内蒙古牧区新型城镇化。主要阐述内蒙古牧区城镇化的发展现状、存在问题、发展策略以及保障机制等。探寻内蒙古牧区新型城镇化发展的内在动力和外部动力。以新型城镇化“以人为本”理念确立内蒙古牧区新型城镇化的发展目标，以目标为导向，实施牧区产业特色化、城镇布局集约化、牧区发展差异化、城镇建设个性化的发展策略。围绕转移人口市民化，提出政策建议。

第六章为乡村振兴视域下的牧区新型城镇化。着重对乡村振兴与牧区新型城镇化的关系、乡村振兴与牧区新型城镇化的协同发展、乡村振兴视域下的牧区新型城镇化模式选择和对策等内容进行了阐述。

四、研究结论

本书按照层层递进的行文方式对乡村振兴视域下内蒙古牧区新型城镇化进行了重点研究，主要研究结论如下。

第一，阐述了内蒙古牧区城镇化的突出问题及主要原因。牧区城镇化存在“率高质低”的问题，主要原因在于：牧区空间分布广，区域发展差异大；牧区资源禀赋好，但生态环境脆弱；“三牧”问题制约了内蒙古牧区城镇化发展。

第二，分析了内蒙古牧区城镇化的总体特征。一是城镇化分布呈现“大分散、小集中”的空间格局；二是非农产业动力不足，产业结构相对不合理；三是生态承载力弱，资源利用与环境保护矛盾突出；四是牧区传统文化习俗特殊，向城市文化变迁复杂而艰巨。

第三，研究了内蒙古牧区城镇化发展条件的分类特征。首先，从牧区地广人稀的现实出发，采取空间聚类的区域差异分析方法进行空间聚类分析，将内蒙古自治区分为典型牧业区、农业区、半农半牧区、林猎区和城市工矿区五大类区域；其次，分析五大区域的特点、差异和城镇化发展现状。

第四，分析了内蒙古牧区新型城镇化的动力要素。创新驱动是内蒙古牧区新型城镇化的核心动力，要从产业结构转型升级的拉动力、牧区分类发展的源动力、制度创新的驱动力和草原民族文化创新的软实力等各角度综合施策，增强牧区新型城镇化的内在动力。从促进牧区农牧业现代化，实现新型工业化、农牧业现代化与新型城镇化协调互动；以信息化为引擎，运用“互联网＋”改变牧区远离市场的不利条件；同步做强牧区特色旅游和服务业等方面加快牧区产业结构调整。严格贯彻落实国家主体功能区和沿边开发开放战略布局，构建城市辐射带动牧区发展的城乡一体化发展格局。基于城乡人—地关系对牧区人口转移进行合理引导。对生态环境承载力较高的牧区，逐步引导剩余劳动力就地、就近向中小城市、县城和重点镇集聚，实现就地就近城镇化。

第五，提出了内蒙古牧区新型城镇化的发展策略。从内蒙古牧区新型城镇化目标导向出发，采取牧区产业特色化、城镇布局集约化、牧区发展差异化、城镇建设个性化的发展策略；根据内蒙古全区的资源环境承载能力和整体生态安全格局要求，采取“点上开发，面上保护”的方式，对牧区实施分类引导的策略；对全区城镇规划实行“一核引领，中心带动，节点支撑，集聚发展”的策略；对城镇建设采取分级引导、提升质量，打造各具特色魅力城镇的策略。

第六，提出了内蒙古牧区新型城镇化的保障机制。围绕转移人口市民化，建立城乡人口自由流动的保障机制。改革户籍制度，深化土地制度改革，建立转移人口的城镇住房保障制度，建立城乡居民统一的医疗和养老保险制度；完善教育培训机制，提高城乡各类劳动者素质技能；创新公共文化管理机制，促进民族地区文化繁荣；完善考核评价机制，落实各级政府引领新型城镇化的责任。

第七，提出了牧区新型城镇化的发展模式。结合内蒙古牧区的现实需要，基于乡村振兴战略实施要求，提出了小城镇发展、就地城镇化、牧区现代化等城镇化发展模式。

第二章　相关概念与理论基础

第一节　乡村振兴战略

一、乡村振兴思想的形成过程

党的十八大以来，我国农业农村发展的理论和实践不断丰富，内容上形成了从围绕经济发展到产业、人才、文化、生态、组织等方面共同发展的清晰道路，方法上从发展到改革再到创新，形成了习近平新时代中国特色社会主义的乡村振兴理论，奠定了乡村振兴的指导思想。其形成过程大致可以分为如下三个部分。

（一）理论框架到理论体系的思想形成过程

早在 1992 年《摆脱贫困》一书中，习近平总书记就提出，大农业是朝着多功能、开放式、综合性方向发展的立体农业，是面对市场的有计划的商品经济，并进一步提出，要破除制约大农业的障碍，就要解决粮食生产、家庭联产承包责任制、综合开发、农村集体经济、科技兴农、农村服务体系等问题，全面奠定了乡村振兴的理论框架和基础。从“大农业”思想到“三农”思想，是乡村振兴理论内容的丰富过程，核心论述是“走中国特色现代化农业道路”。围绕该论述加快构建现代农业产业体系、现代农业生产体系和现代农业经营体系“三大体系”，以改革为手段，不断开创农业发展新局面。

进入新时代，乡村振兴的指导思想是更加全面、长远的理论体系。一是实施乡村振兴战略，着眼全面性，强调推动乡村产业振兴、人才振兴、文化振兴、生态振兴和组织振兴，与产业兴旺、生态宜居、乡风文明、治理有效、生活富裕的总体要求相呼应。二是牢固树立和切实贯彻创新、协调、绿色、开放、共享的新发展理念，将农业强、农村美、农民富与国家强、国家美、国家富关联起来，实现高质量、高水平的发展目标。三是《中共中央 国务院关于实施乡村振兴战略的意见》为新时代农业发展绘制出路线图，着眼于“两个一百年”奋斗目标导向，为乡村振兴战略提出了明确的目标任务。“三个必须”“三个不能”“七条道路”“五个振兴”等新时代乡村振兴指导思想的形成，是“大农业”思想的乡村振兴理论框架发展到习近平新时代中国特色社会主义思想的乡村振兴理论体系的过程。

（二）党的十八大到党的十九大的内容丰富过程

回顾党的十八大报告，农业现代化成为全面建成小康社会的基本内涵之一。围绕农业现代化，进一步提出了“推动城乡发展一体化”的战略思路。推进城乡发展一体化，是工业化、城镇化、农业现代化发展到一定阶段的必然要求，是国家现代化的重要标志。通过加快完善城乡发展一体化体制机制，着力在城乡规划、基础设施、公共服务等方面推进一体化，促进城乡要素平等交换和公共资源均衡配置，形成以工促农、以城带乡、工农互惠、城乡一体的新型工农、城乡关系。

党的十九大报告提出，坚定不移贯彻创新、协调、绿色、开放、共享的发展理念，推动新型工业化、信息化、城镇化、农业现代化同步发展，围绕农业现代化进一步提出“实施乡村振兴战略”的重大决策。作为国家战略，乡村振兴战略是要根本性地解决农业农村发展问题，坚持农业农村优先发展，按照产业兴旺、生态宜居、乡风文明、治理有效、生活富裕的总要求，建立健全城乡融合发展体制机制和政策体系，加快推进农业农村现代化；构建现代农业产业体系、生产体系、经营体系，完善农业支持保护制度，发展多种形式适度规模经营，培育新型农业经营主体，健全农业社会化服务体系，实现小农户和现代农业发展有机衔接。实施乡村振兴战略是以习近平同志为核心的党中央经过深思熟虑作出的重大决策，是习近平新时代中国特色社会主义思想的乡村振兴理论体系的进一步发展，使我国农业农村发展有了明确和坚定的指导思想，具有里程碑意义。

（三）农业农村发展的方法提升过程

2012 年 11 月 30 日，中共中央在中南海召开党外人士座谈会，习近平总书记指出要加强和巩固农业基础地位，加大对农业的支持力度，加强和完善强农惠农富农政策，加快发展现代农业，确保国家粮食和重要农产品有效供给。

2014 年 1 月 22 日，习近平总书记在中央全面深化改革领导小组第一次会议上的重要讲话指出，坚持以改革促发展，以创新求突破，加快建立起一套更加符合现代农业发展要求的制度体系，为走出一条中国特色农业现代化道路提供制度保障。

2015 年 4 月 30 日，中共中央政治局就健全城乡发展一体化体制机制进行第二十二次集体学习。习近平总书记在主持学习时指出，农村要发展，根本要依靠亿万农民。要坚持不懈推进农村改革和制度创新，充分发挥亿万农民的主体作用和首创精神，不断解放和发展农村社会生产力，激发农村发展活力。

从现代农业的发展，到推进农业供给侧结构性改革，再到制度创新，我国走出了一条中国特色社会主义乡村振兴道路。党的十八大以来，习近平总书记围绕“三农”问题发表的一系列重要讲话，提出的一系列新理念新思想新战略，都是我国农业农村发展方法的一次次提升过程。发展过程需要不断地革新推进，革新推进需要有源源不断的创新来源，一次次的创新又促进了发展的持续可靠，习近平新时代中国特色社会主义的乡村振兴理论正是“发展—改革—创新”的不断循环反复、螺旋上升的过程。

二、乡村振兴战略的含义、总体布局与主要内容

（一）乡村振兴战略的含义

学界关于乡村振兴战略的内涵要义的研究主要集中在五个方面。其

一，“空间格局”说。此说认为乡村振兴战略就是为挖掘乡村潜力、建设美丽乡村营造格局空间。乡村振兴战略还是一项实现城乡人口自由流动与择业、乡村资源与空间高效利用、村镇居民空间格局不断优化的有力创举。其二，“五位一体”说。乡村振兴战略即指依照政治、经济、文化、社会和生态五方面的发展需要，推进乡村“五位一体”的系统协调、繁荣兴盛和全面进步，建设可持续发展的美丽乡村。其三，“双重意蕴”说。乡村振兴战略既是对地方内生资源的有效激活，又是对乡村政党组织、行政权力、公共服务等既有“外部力量”的持续推动，里应外合，相得益彰。其四，“实践活动”说。该说认为乡村振兴战略是实现乡村创新发展的积极实践。其五，“版本升级”说。该说认为乡村振兴战略是党和国家继新农村建设政策实施后，瞄准“三农”问题提出的又一远景规划。与新农村建设相比较而言，乡村振兴战略将生活实际中的环境治理进一步延伸至生活、生产、生态等方面环境的综合整治，将乡村实际中的土地治理进一步扩展至村域土地治理，将过往政策中的局部推动延展至全域推动，发生了由内到外、由点及面的根本性变化。

（二）乡村振兴战略的总体布局

1. 乡村振兴战略的总目标

农业农村现代化是实施乡村振兴战略的总目标，新时代“三农”工作必须围绕这个总目标来推进。近年来我国农业现代化取得了长足进步，无论是在纵向上进行历史比较，还是在横向上进行国际比较，这些成就都是卓越非凡的。但从全面建设社会主义现代化强国这个大局看，农业现代化还是“四化同步”的短腿，农村还是全面建设社会主义现代化强国的短板。全面建设社会主义现代化强国，最广泛最深厚的基础在农村，最大的潜力和后劲也在农村。实现农业农村现代化，有很大的发展空间，有很好的条件，也能够为整个国家现代化提供坚实支撑和强大动力。

农村现代化既包括“物”的现代化，也包括“人”的现代化，还包括乡村治理体系和治理能力的现代化。要坚持农业现代化和农村现代化一体设计、一并推进，实现从农业大国向农业强国的跨越。

2. 乡村振兴战略的总方针

坚持农业农村优先发展是实施乡村振兴战略的总方针，要始终把解决好“三农”问题作为全党工作的重中之重。这一总方针的提出，具有强烈的现实针对性。必须采取超常规举措，付出超常规努力，坚决把农业农村优先发展落到实处，按照习近平总书记的部署，“在资金投入、要素配置、公共服务、干部配备等方面采取有力举措”。

乡村振兴从脑中“一张蓝图”到眼前“一幅实景”，离不开强有力的资金支撑。把“真金白银”投到农村，既是对城乡发展历史的负责，也是对乡村振兴未来的担当，无论是社会效益还是经济效益都十分可观。必须坚决破除“支持‘三农’不划算”的错误政绩观，真正把农业农村作为财政优先保障领域，确保投入力度不断增强、总量不断增加、支农效能不断提高。

我国城乡发展失衡的一个重要原因是资源要素配置失衡。长期的城乡二元体制放大了城市的虹吸效应，使农村发展处于严重的失血、贫血状态。必须强化制度性供给，推动资金、管理、技术、人才等要素更多配置到农村去，让人“流”入乡、留在乡，让钱“流”进村，让地“活”起来，为乡村发展强筋健骨、输血造血。

农村基础设施不足、公共服务落后是农民群众反映最强烈的民生问题，也是城乡发展不平衡最直观的体现。必须增强补短板意识，在教育、医疗、社会保障、基础设施、人居环境等方面优先安排，构建起城乡一体的公共服务体系，让农民更好更多享受到国家发展红利。

政治路线确定之后，干部就是决定性因素。与在城市工作的干部相比，在乡镇和村一级工作的干部往往待不住、留不住。要优先考虑党的“三农”事业大局需要，在干部配备和使用上树起“优秀干部到农业农村战线去，优秀干部从农业农村战场来”这个风向标，引导八方人才投身乡村振兴。[①]

---

① 《求是》编辑部．做好乡村振兴这篇大文章［EB/OL］．求是网,［2019－11］. http://www. qstheory. cn/dukan/qs/2019－06/01/c_1124561448. htm.

3. 乡村振兴战略的总要求

从“生产发展、生活宽裕、乡风文明、村容整洁、管理民主”的社会主义新农村建设总要求，变为“产业兴旺、生态宜居、乡风文明、治理有效、生活富裕”的乡村振兴总要求，内涵进一步丰富发展，深刻反映了新时代农业农村发展的新阶段、农民群众的新期待。

“产业兴旺”是解决农村一切问题的前提。只有产业兴旺了，农民才能有好的就业、高的收入，农村才有生机和活力，乡村振兴才有强大的物质基础。推进产业兴旺，要紧紧围绕促进产业发展，构建彰显地域特色、体现乡村气息、承载乡村价值、适应现代需要的现代乡村产业体系，让农业经营有效益，真正成为有奔头、有前途的产业。

“生态宜居”是乡村振兴的内在要求。生态环境是农村的最大优势和宝贵财富。不少城里人之所以向往农村，就是因为在这里可以感受到山清水秀、天蓝地绿、村美人和，可以缅怀乡愁的味道。实现生态宜居，要牢固树立和践行“绿水青山就是金山银山”的理念，加快推行乡村绿色发展方式和生活方式，不断增加农业生态产品和服务供给，让良好生态成为永不枯萎的“摇钱树”。

“乡风文明”是乡村振兴的紧迫任务。乡村振兴，既要塑形，更要铸魂；既要看农民口袋里票子有多少，更要看农民精神风貌怎么样。物质变精神、精神变物质，坚持物质文明和精神文明一起抓，大力推进新时代文明实践中心建设，因地制宜推进移风易俗，保护和传承农村优秀传统文化，培育文明乡风、良好家风、淳朴民风，不断改善农民精神风貌，提高乡村社会文明程度。

“治理有效”是乡村振兴的重要保障。我们党是以农村包围城市取得革命胜利的，今天，乡村治理仍然事关党的执政基础、事关国家治理体系和治理能力现代化。必须把夯实基层基础作为固本之策，强化农村基层党组织领导作用，健全法治、德治、自治相结合的乡村治理体系，确保乡村社会充满活力、和谐有序。

“生活富裕”是乡村振兴的主要目的。说一千道一万，提高农民收入是关键。农民没有富裕起来，乡村振兴就是一句空话。要千方百计保持农民增收好势头，提高农村社会保障水平，让亿万农民走上共同富裕的道路。

“二十个字”总要求，全面阐释了实施乡村振兴战略在各领域、各方面的具体要求，是“五位一体”总体布局、“四个全面”战略布局在农业农村发展中的具体体现。正如习近平总书记指出的，“乡村振兴是包括产业振兴、人才振兴、文化振兴、生态振兴、组织振兴的全面振兴”。

4. 乡村振兴战略的基本原则

作为助推乡村高质量发展的重要部署，乡村振兴战略必须以资源互补、尊重差异为原则，循序推进城乡资源合理配置、城乡要素均等交换、城乡产业发展融合。同时，还要高度重视社会公平原则，在保证经济提质增速的前提下，更加注重社会公平。此外，实施乡村振兴战略还应妥善做到坚持党管农村的原则内容、农业农村优先发展的原则定位以及城乡融合发展的原则机制。

（三）乡村振兴战略的主要内容

1. 乡村振兴战略的“四梁八柱”

“产业兴旺”是对经济转型、收入增加和资源整合的内在规定，“生态宜居”要求提高居住质量、美化乡村景观，“乡风文明”则是对精神文明建设的动态呼应，“治理有效”要求建构一个法治、德治、自治相结合的乡村治理体系，“生活富裕”的目标内容是农民增收、城乡差距缩小。“四梁八柱”为乡村振兴战略顺利运行提供了价值取向。

2. 乡村振兴战略的横纵坐标

在横向坐标上，乡村振兴战略要回应的是怎样通过农业、农村、农民体系要素的革新或者关系要素的重构来激发乡村振兴的内在活力。在纵向坐标上，习近平总书记按照“远粗近细”的原则进一步阐明了乡村振兴战略的“纵向时间表”，将其划分为2018—2020年、2020—2035年、2035—2050年三个时间段，分阶段部署和实施。到2020年，乡村振兴要取得重要进展，制度框架和政策体系基本形成；到2035年，乡村振兴要取得决定性进展，农业农村现代化基本实现；到2050年，乡村全面振兴，农业强、农村美、农民富全面实现。

3. 乡村振兴战略的治理体系

乡村振兴战略内容广博，既包括乡村产业、文化、人才的振兴，还包括乡村治理有序，也就是乡村组织的振兴。因此，要想使乡村振兴战略顺利推进，必须建立现代化乡村治理新体系。

4. 乡村振兴战略的文化生态

文化是乡村振兴之魂，调动乡村主体的文化动力、激发乡村内在的文化活力是当前乡村振兴的迫切任务。与此同时，乡村振兴战略应当注重乡村公共文化和基础设施的供给及传统美德的继承发展，增强乡村“文化供给”。

5. 乡村振兴战略的民族实践

城乡分割是民族地区农村“空心化”的根源，使城乡之间在就业收入、社会制度、生活条件、文化认知度等方面产生差距，因而加强民族地区农村“空心化”治理是实施乡村振兴战略的重要内容。

三、乡村振兴战略的现实阻碍

（一）乡村建设主体流失

大量的男性青壮年劳动力从乡村流向城市，乡村人口结构发生变化，留守妇女成为乡村建设的主角。劳动力的缺乏以及人才的外流使村落的生命力不断衰减，使人们在“乡愁”的基础上又增添了“新愁”。在民族地区，农村“空心化”同样加剧了人力资源流失，导致乡村振兴主体缺失。

（二）乡土文化日渐式微

乡村文化在乡村振兴中存在两个问题，其中一个便是乡村文化的衰落。随着乡村劳动力大量外流，特别是传统生产和生活方式的变革，乡村传统文化在转变中日趋凋敝。

（三）深度治贫困难重重

深度贫困地区对于如何处理好“绿水青山”与“金山银山”之间的关系仍倍感怅惘。实际上，深度贫困地区巩固脱贫攻坚成果，既要攻克设施落后、交通不便、资源短缺、环境脆弱等诸多客观制约因素，更要破解人口素质低、产业脱贫无业可扶、易地搬迁无地可搬等“入之愈深、其进愈难”的现实难题。

（四）治理水平低下

随着经济发展及城镇化的快速推进，农村各类纠纷与矛盾日趋复杂，化解难度较大，影响社会稳定和谐，只有提升村庄治理水平才能适应新的时代要求。当前我国各地经济社会发展不均衡，城乡差别依然存在，乡村特别是偏远少数民族地区的现代文明要素有待强化，现代治理短板有待完善，治理水平有待提升。

（五）公共服务供给失衡

既有的农村基层群众自治制度在一定程度上造成了农村治理结构失序、公共服务供给失衡的困局，阻碍了乡村振兴战略的实施，导致了乡村振兴战略实施过程的中断与贯彻落实的缺位。

四、乡村振兴战略的实施路径

（一）完善农村基本经营制度

筑牢乡村产业发展根基，要求坚持农村基本经营制度。

坚持农村基本经营制度，不是一句口号，而是有实实在在的政策要求，即“三个坚持”：坚持农村土地农民集体所有；坚持家庭经营基础性地位；坚持稳定土地承包关系。其中，农村土地农民集体所有，讲的是所有权的权属问题，是农村基本经营制度的“魂”，是农村最大的制度；家庭经营讲的是承包经营权的权属问题，是实施主体问题、实现方式问题，是农村基本经营制度的“根”；稳定土地承包关系从发展的角度，讲的是未来、是预期，是对农民权益的承诺和保障，是农村基本经营制度稳定的关键。

“三个坚持”是经过了历史检验的原则性和规律性认识，在任何时候都不能动摇。同时，面对新形势、新任务、新要求，习近平总书记也对当前如何进一步坚持和完善农村基本经营制度作出了深远部署。一方面，要完善土地“三权”分置制度。在依法保护集体土地所有权和农户承包权的前提下，平等保护土地经营权，理顺“三权”关系。探索宅基地所有权、资格权、使用权“三权”分置，落实宅基地集体所有权，保障宅基地农户资格权和农民房屋财产权。承包地、宅基地“三权”分置的产权制度适应了城乡要素流转的格局，推动了农地在不同群体之间的再配置，必将为深化农村改革释放巨大红利。另一方面，要加快构建新型农业经营体系，推动家庭经营、集体经营、合作经营、企业经营共同发展。与此同时，习近平总书记提出了“三个相适应”的指导思路，即土地经营权流转、集中、规模经营的度，要与城镇化进程和农村劳动力转移规模相适应，与农业科技进步和生产手段改进程度相适应，与农业社会化服务水平提高相适应。“三个相适应”为当前各地探索构建新型农业经营体系提供了最具实践意义的理论总结。

（二）充分尊重农民的主体地位

中国乡村建设实践证明，如果不能确保农民在建设过程中的主体性地位，国家推动的任何关于农民发展的战略目标都很难获得农民的认同，也就不能得以实现。

要充分尊重农民在经济活动中的主导地位。避免简单地将乡村变成企业家的投资场，避免企业家将农民的土地、山林和草场流转以后把农民排除在外。为此，在土地流转中要充分保障农民对于土地的处置权、使用权和收益权，保障农民主动参与农业产业化和现代化经营的权利。基层政府在现代农业项目的规划选择和推进中，要广泛征求并尊重农民的意见，赋予农民自主处理经济活动的权利，让农民成为乡村经济发展的主要获益者。

要充分尊重农民在乡村治理中的主体地位。村民自治是村民直接参与乡村治理的重要平台，也是乡村振兴的内生动力。要按照自我管理、自我教育、自我服务的基本要求，充分重视农民的话语权。

要充分尊重农民在乡村文化建设中的自主选择地位。尊重与理解农民的文化观，发掘优秀传统农耕文化资源，将传统与现代有机融合。

（三）夯实城乡融合发展

要向改革要动力，重点在健全多元投入保障机制、建立健全城乡基本公共服务均等化的体制机制、深化户籍制度改革上下功夫。城乡融合发展要跳出乡村看乡村，不能只靠乡村自身积累，还要推动资源要素的强力反哺，增加对农业农村基础设施建设的投入，推动人才、土地、资本等要素在城乡间的双向流动和平等交换。要优化城乡基本服务的供给模式，推动公共服务向农村延伸，健全全民覆盖、普惠共享、城乡一体的基本公共服务体系，让农民也能享受到丰富多元的公共服务。城乡融合发展，既要有力有序有效推进农业转移人口市民化，促进有能力在城镇稳定就业和生活的农业转移人口居家进城落户，又要维护进城落户农民的土地承包权、宅基地使用权、集体收益分配权，让进城的进得放心、留在农村的留得安心，实现进城和留乡各得其所、城镇和乡村相得益彰。

（四）遵循乡村发展规律

习近平总书记从遵循乡村发展规律的高度，从我国农业农村的实际出发，明确提出了实施乡村振兴战略要注意处理好的四个关系。

从长期目标和短期目标的关系看，实施乡村振兴战略是一项长期而艰巨的任务，既不能盲目追求短期成效，也不能超越现实盲目大干快上。要一件事情接着一件事情办，久久为功，积小胜为大成。要有足够的耐心和定力，把可能出现的各种问题想在前面，防止走弯路、“翻烧饼”。

从顶层设计和基层探索的关系看，乡村振兴的顶层设计在实践落地，必须充分考虑我国农村地域辽阔、乡村间差异迥然、区域之间发展不平衡等现实特征，发挥亿万农民的主体作用和首创精神，探索出具有本地特色的振兴举措，不能一个模子套到底。

从充分发挥市场决定性作用和更好发挥政府作用的关系看，必须着眼解决农业农村发展深层次矛盾，推进新一轮农村改革，激发乡村振兴内生动力。还要更好发挥政府在规划引导、政策支持、市场监管、法治保障等方面的积极作用，坚守改革底线，决不能犯颠覆性错误。

从增强群众获得感和适应发展阶段的关系看，实施乡村振兴战略必须坚持以人民为中心，着力解决农民群众最关心最直接最现实的利益问题。不能脱离实际，盲目求多求快、求大求全，更不能搞形式主义和“政绩工程”“形象工程”，而是要合理设定阶段性目标任务和工作重点，形成可持续发展的长效机制。

（五）发挥党在乡村振兴中的领导作用

要把好政治方向、建好基层组织、创新人才工作。

一要坚持底线思维，把好政治方向。二要抓住农村基层党组织建设这个“牛鼻子”。农村政策千条万条，最终都得靠党的基层组织和基层干部来落实。要把乡村振兴作为“一把手”工程，坚持五级书记抓乡村振兴，打造一支高素质带头人队伍，把农村基层党组织建设成为推动乡村振兴的坚强战斗堡垒。三要培养造就一支懂农业、爱农村、爱农民的“三农”工作队伍，让愿意留在乡村、建设家乡的人留得安心，让愿意上山下乡、回报乡村的人更有信心，为推进乡村振兴事业提供源源不断的动力。

五、乡村振兴战略的重要意义

（一）实施乡村振兴战略是全面建设社会主义现代化强国的必然

实施乡村振兴战略是关系全面建设社会主义现代化强国的全局性、历史性任务。中华民族有“重农”的悠久历史，古人早就认识到，重农固本是安民之基、治国之要。中国共产党在把握世界现代化、工业化大趋势的同时，紧密结合中国的国情实际，把工农联盟、团结依靠农民、为亿万农民谋幸福作为重要使命，在革命、建设、改革不同时期，带领亿万农民推动农业农村发生了天翻地覆的巨变。习近平总书记鲜明指出，中国要强农业必须强，中国要美农村必须美，中国要富农民必须富。党的十八大以来，习近平总书记就做好“三农”工作发表了一系列重要论述，提出了一系列新理念新思想新战略。正是基于长期重“三农”、抓“三农”的深厚积累和深邃思考，习近平总书记深刻把握国情农情和现代化建设规律，在继承和发展我们党“三农”工作一系列方针政策的基础上，作出了实施乡村振兴战略的重大部署。

党的十九大提出实施乡村振兴战略，就是为了从全局和战略的高度来把握和处理工农关系、城乡关系。工农关系、城乡关系不是小事。没有农业农村现代化，就没有整个国家现代化。新中国成立70多年来我国农业农村发展的实践进程充分证明，我们对工农关系、城乡关系的把握是完全正确的，也是富有成效的。但同时也要看到，新时代工农关系、城乡关系面临着新的问题，同快速推进的工业化、城镇化相比，我国农业农村发展步伐还跟不上，“一条腿长、一条腿短”问题比较突出。因此，实施乡村振兴战略，就是要将之作为新时代“三农”工作总抓手，通过处理好工农关系、城乡关系，推动农业全面升级、农村全面进步、农民全面发展，加快补齐农业农村发展短板。

（二）乡村振兴战略对民族地区经济社会发展具有重要意义

新时代大力实施乡村振兴战略、推动乡村事业全面发展进步，对于民族地区经济社会发展具有更为重要的意义。

1. 满足民族地区人民群众的美好生活需要

当前，我国民族地区农业基础还比较薄弱，农民年龄知识结构、农村社会建设和乡村治理等方面的问题还比较突出。比如，一些村庄缺人气、缺活力、缺生机，到村里一看，农宅残垣断壁，老弱妇孺留守，年轻人不多，房堵窗、户封门，村庄空心化、农户空巢化、农民老龄化不断加剧。这些问题带有一定的普遍性，不仅中西部地区有，东部沿海发达地区也存在。要满足民族地区人民群众的美好生活需要，实现农业强、农村美、农民富，就要着力推动农业全面升级、农村全面进步、农牧民全面发展。

（1）乡村振兴战略推动民族地区农业全面升级

农业是国民经济的基础，农村经济是现代化经济体系的重要组成部分。实施乡村振兴战略，调动民族地区农业活力，通过补短板、强底板，为未来10～20年国民经济的健康发展、行稳致远保驾护航。改革开放40多年来，我国工业取得的进步巨大，但农业却还处在初级发展的阶段，大多农村还停留在原始的耕种模式，这意味着中国农业有着巨大的发展潜力。实施乡村振兴战略，在民族地区深化农业供给侧结构性改革，有利于构建现代化农业产业体系、生产体系、经营体系，推动民族地区农业从增产导向转向提质导向。从基础设施投入看，2018 年以来，基础设施领域补短板成为扩大有效投资的着力点，作为突出短板之一的农村基建更是得到了前所未有的重视。中共中央、国务院印发的《乡村振兴战略规划(2018—2022 年)》中，部署了一系列重大工程、重大计划、重大行动。其中，交通物流、农村水利、现代能源体系、信息化基础四大方面成为农村基建的重中之重。民族地区要把握这一机遇，在乡村振兴战略的引导下，实现农业现代化，为经济发展作出贡献。

（2）乡村振兴战略推动民族地区农村全面进步

其一，随着时代发展，需要重新审视乡村价值。新时代，城镇居民不仅需要更多更丰富的优质农产品，还渴望田园风光、诗意山水、乡土文化、民宿风情，追求与自然和谐相处的乡村慢生活成为一种时尚。现如今，乡村已不再是单一从事农业的地方，还有重要的生态涵养功能、令人向往的休闲观光功能和独具魅力的文化体验功能。“暖暖远人村，依依墟里烟。狗吠深巷中，鸡鸣桑树颠。”乡村日益成为人们养生养老、创新创业、生活居住的新空间。民族地区要根据实际情况，因地制宜，制定自身发展特色的模式，逐步完善基础设施建设，打造民族地区特色农村，推动农村全面进步，使农村全面净化、绿化、美化、亮化，推进乡村精神文明建设，弘扬优良家风、文明乡风和乡贤文化。这需要乡村的全面振兴才能持久支撑。

其二，民族地区借助乡村振兴政策扶持，完善农村基础设施建设。实施乡村振兴战略要注重基础性建设，要建好农村路网设施。基础设施是经济发展的大动脉。对于广大农村地区，特别是农村贫困地区来说，基础设施不便是制约当地发展的重要因素。没有便利、扎实的基础设施，发展产业、扩大种植养殖规模、增收致富等都将无从谈起。近年来，越来越多的地区因为基础设施建设而实现了乡村经济的繁荣发展，“基础设施好，百业发展好”也逐渐成为广大群众的共识。农村要发展、要繁荣，完善的路网设施建设必不可少。

其三，在乡村振兴战略支持下积极引进企业，形成民族地区农村支柱性产业，可以带动经济发展，促进农村全面进步。

（3）乡村振兴战略推动民族地区农牧民全面发展

借助乡村振兴战略，为广大民族地区农牧民创造就业机会，对经济社会发展具有重要意义。民族地区农村绝大多数处于边疆，虽然自然资源丰富，但自然生态环境却十分脆弱。农牧民在当地无法满足自身经济发展需要，劳动力大量外流的现象比较普遍，剩下的多为老人和小孩。实施乡村振兴，让人才回流是基础工作。只有农牧民参与主导的乡村振兴才是真正的乡村振兴。农牧民是乡村振兴的主体力量，民族地区乡村振兴的原动力是让农牧民唱“主角”，遵循农牧民是主体的原则，掌握农牧民的意愿，充分调动亿万农牧民的积极性、主动性和创造性。

一要建立有效的引导和激励机制，培育大批爱农业、懂技术、善经营的新型职业农牧民，不断增强新型职业农牧民的职业自豪感和自信心，让农牧民成为有奔头、有前景、有获得感的职业。二要还权于民、还利于民，依法保障农牧民在村务管理中的知情权、决策权、参与权、监督权，把农村的闲置资本变成生产要素。乡村振兴是农牧民建设自己的美好家园，必须按照农牧民的意愿来振兴，依靠农牧民来振兴，这样才能收到事半功倍的效果。三要不断完善支农惠农强农政策体系，营造“劳动最光荣、劳动最崇高、劳动最伟大、劳动最美丽”的文化氛围，使农牧民的劳动得到全社会的认可和尊重，真正“让农牧民成为有吸引力的职业”。四要搞好培训、提高素质。农牧民素质决定乡村振兴战略实施的速度和质量，必须宣讲党的十九大精神，加大教育力度，多渠道多方式全方位提高农牧民素质，培植一批“创业型”农牧民，提升一批“技能型”农牧民，培育一批“素质型”农牧民，努力激发农牧民内生动力。

2. 巩固拓展民族地区脱贫攻坚成果

习近平总书记在中央政治局第八次集体学习时强调，打好脱贫攻坚战是实施乡村振兴战略的优先任务。乡村振兴，摆脱贫困是前提。民族地区必须持续巩固拓展脱贫攻坚成果，接续推进全面脱贫同乡村振兴有效衔接。

（1）乡村振兴战略为民族地区提供人才

党的十九大报告提出，要培养造就一支懂农业、爱农村、爱农民的“三农”工作队伍。脱贫攻坚和乡村振兴都离不开人才的支撑，而民族地区最缺乏的资源就是人才。“火车跑得快，全靠车头带”，要高度重视民族地区党组织带头人队伍建设，拓宽用人视野，把那些党性强、能力强、服务意识强的人充实到民族地区领导岗位上来。按照乡村振兴对人才的新要求，构建一支有文化、懂技术、善经营、会管理的新型职业农民队伍，为民族地区乡村振兴提供坚实的人力保障。

一是选优民族地区乡村党组织负责人，坚持按“跟党走、会致富、善带富”标准，选拔乡村党组织负责人，把好入口关，扩大民主选举范围，注重从致富能人、外出经商创业人员、复退军人、回乡大中专毕业生中选拔村党组织书记，拓宽选拔渠道；二是加强民族地区乡村党组织负责人教育培训，特别要抓好乡村党组织带头人培训工作，把带头人教育培训纳入干部教育培训规划，分层分级抓好落实，健全理论学习培训机制，采取到党员干部党性教育基地接受党性教育、集中办班、短期轮训、外出考察等方式，大规模培训乡村党员干部，帮助他们开阔眼界、更新观念、增强服务意识和服务本领；三是加强民族地区乡村党组织负责人监督管理，健全乡村干部岗位目标责任制和年度目标责任制，明确村干部岗位职责，细化工作任务，将考核结果作为评先树优、奖惩、岗位调整、评定工作待遇的主要依据，严格落实廉洁自律规定，加大监督、问责力度，促使乡村干部廉洁从政。

此外，要加强“产教融合”与校企合作。通过市场化运作和政府购买服务等方式，鼓励农业专业合作社、涉农企业参与职业农民培育，提升农民发展生产和务工经商的能力，为民族地区培养一批受过良好教育、掌握种养知识、懂市场、会经营的新型农业农村产业经营管理人才，以及医生、教师、非遗传承人、农技员等专业技术人才。要畅通下乡通道，吸引支持企业家、专家学者、技术人才等通过投资兴业、行医办学、提供服务等方式，服务于民族地区乡村振兴。要构建有效的激励机制，切实保障职业农民合法权益。民族地区应加快制定工商资本参与乡村振兴的指导意见，落实和完善融资贷款、配套设施建设补助、税费减免等扶持政策，确保参与民族地区精准扶贫和乡村建设的单位、企业、个人各项利益得到保障，将大学生、农技人员、返乡农民工孵化成为农业产业链上的经营者，让从事现代农业的“新农人”有甜头、有盼头。

（2）乡村振兴战略为民族地区协调人地关系

土地流转和多种形式规模经营，是发展现代农业的必由之路，是农村改革的基本方向。我国许多民族地区耕地稀少且分布零散，不利于农业现代化、规模化生产和经营。集约化利用土地资源，加快释放农地改革红利，将农民生产生活空间载体变成增收致富的核心资产，是民族地区脱贫攻坚的重要途径，也是实施乡村振兴战略的内在要求。

要结合乡村振兴用地需求，允许民族自治地方政府调整优化村寨用地布局，有效利用零星分散的存量建设用地。例如，预留部分规划建设用地指标用于农产品冷链、初加工、休闲采摘、仓储等，以及发展民族乡村旅游所需的停车场、公共厕所、游客接待中心等配套设施建设。要推进房地一体的农村集体建设用地和宅基地使用权确权登记颁证。鼓励家庭农场、合作社、龙头企业、社会化服务组织和农业产业化联合体等新型农业经营主体参与流转农民闲置宅基地和闲置农房，探索宅基地所有权、资格权、使用权“三权”分置。在不变更土地权属关系的前提下，依托集体经济组织通过出租、合作等方式流转和经营闲置土地、宅基地及其房屋，将整理节约出来的土地资源以入股、联营的方式发展农、旅、文三产融合项目，让资源变资产、资金变股金、农民变股东，提升农民的获得感和幸福感。

（3）乡村振兴战略思想融入民族地区脱贫攻坚理念

当前我国的农村发展、城乡差距是“不平衡不充分的发展”的重要体现，乡村振兴战略提出的“产业兴旺、生态宜居、乡风文明、治理有效、生活富裕”的总要求则是对脱贫攻坚的进一步深化。脱贫攻坚与乡村振兴作为不同发展阶段的战略任务并不是相互孤立的，而是紧密相连、各有侧重的。民族地区的乡村振兴是一项复杂的系统工程，涉及乡村的各个方面，是巩固拓展脱贫攻坚成果的重要保证。

一方面，乡村振兴有利于民族地区产业扶贫的提质和成果的巩固。乡村振兴战略的二十字总方针是对农村生产、生活、生态、文化等方面的全面升级，是对脱贫攻坚的进一步升华和改造。在产业扶贫的基础上，围绕提升民族地区第一、二、三产业融合，发展彰显地域特色的产业，以期实现农牧民收入的持续稳定。另一方面，乡村振兴有利于化解民族地区与其他地区之间发展不均衡的矛盾。与脱贫攻坚的目标对象不同，乡村振兴面向的是全国范围内的农村地区和广大农民，在保障贫困地区基本生存需要的基础上，更加重视满足各地区农民多元化的发展需求，是解决发展不平衡和不充分问题的根本之策。与东部沿海等发达地区相比，民族地区和欠发达地区更具发展潜力，同样的资源投入带来的边际报酬更高，乡村振兴过程中大量人力、物力、财力的投入将在脱贫的基础之上实现民族地区经济和社会发展的再一次腾飞。

3. 乡村振兴战略推动民族地区城乡融合发展

改革开放以来，我国经济发展取得了举世瞩目的伟大成就。在此过程中，我国城市发展在数量和质量上都获得了空前的进步，全国常住人口城镇化率达60%。但与此同时，广大农村地区的发展却一直较为缓慢，有些地方甚至出现停滞和后退。城乡二元结构依然没有破解，城乡之间发展不平衡等问题依然严重。“三农”工作是国民经济的根本，广阔的农村为经济持续发展提供了广阔腹地。面对城乡二元结构难以破解、城镇化进程中“农民是去是留”的问题，党中央审时度势，提出了乡村振兴战略。

首先，党的十九大报告提出，“要坚持农业农村优先发展，建立健全城乡融合发展体制机制和政策体系，加快推进农业农村现代化”。改革开放40多年来，我国城镇化进程迅猛推进。从1978年至2020年，城镇化率由17.92%提高63.89%。与此同时，我们也应深刻认识到，乡村地区常住人口还超过5亿人，如果没有农业农村的现代化，就不可能有整个国家的现代化。“40年后的今天，我们应该通过振兴乡村，开启城乡融合发展和现代化建设新局面。”

其次，民族地区主动探索实施城乡融合对经济社会建设具有重要的意义。在新的历史起点上，应更好地统筹城乡发展，进一步协调工农关系和城乡关系，加快形成城乡经济社会发展一体化新格局，推进民族地区城乡融合，缩小城乡差距和区域差距。

最后，乡村振兴战略为民族地区城乡融合发展提供路径指导。新时期的乡村振兴战略就是以往二元城乡发展格局走向城乡一体化发展的必由之路。中共中央、国务院印发的《乡村振兴战略规划（2018—2022 年）》充分挖掘和发挥以往城乡统筹、城乡一体化的制度改革积累，以乡村振兴战略为基础，通过产业的培育与发展，使人口、资本、技术等生产要素进一步集聚，进而推进乡村城镇化进程，促进城乡融合。乡村振兴战略不仅是推动民族地区农业农村发展繁荣的重大决策，是提升农牧民生活水平的重要决策，还是推动城乡融合、实现经济社会长足发展的重大决策。

第二节 城镇化

在探索牧区城镇化这一问题之前，首先要研究清楚城镇化与新型城镇化的相关问题，厘清新时代我国城镇化的相关政策导向。

一、城镇化

（一）城镇化概念的内涵与外延

20 世纪 70 年代后期，城镇化的概念伴随着国外城市化理论的引入而出现在中国学术界。1991 年，我国学者辜胜阻在《非农化与城镇化研究》中提出并阐述了城镇化的概念,[①] 之后学者们从不同角度对“城镇化”与“城市化”的概念进行了定义，但至今尚无定论。我国建设部于 1998 年颁布的《城市规划基本术语标准》（GB/T 50280—98）并未对城市化与城镇化作出区分，将其统一解释为人类生产和生活方式由乡村型向城市型转化的历史过程，而且该过程伴随着乡村人口向城市集聚、城市不断发展和完善。[②]“城镇化”一词在我国政府官方文件中的首次使用是在 2000 年 10 月召开的中共十五届五中全会通过的《关于制定国民经济和社会发展第十个

① 辜胜阻．非农化与城镇化研究[M]．杭州：浙江人民出版社，1991：103－113.

② 姜爱林．论城镇化的基本涵义及其特征[J]．大理学院学报．2003，2(6).

五年计划的建议》。[①] “城镇化”一词之所以具有中国特色而且反映了我国的实际情况，主要体现在以下两个方面：第一，我国的行政建制包括了直辖市、市和镇的三级城镇体系，其中的市还包括了省辖市、地级市以及县级市，而且目前我国县级以下镇数量庞大，约有 2 万个，明显超过西方各国城镇的数量。第二，我国农村劳动力特殊的转移路径，使得城镇成为我国农村剩余劳动力转移的一个过渡性载体，农村人口先转移到离他们最近而且熟悉的城镇，进而再流向大、中城市。

城镇化包含了进程和目标两层含义。一方面，城镇化是农村人口向城镇转移的过程，是第二、三产业向城镇集聚和发展的过程，是城镇的地域性质及其景观的转化过程，也是城市的文明/城市意识扩散和传播的过程；另一方面，城镇化也是一个发展目标，而且这个目标是动态的，具有历史性和阶段性，伴随着城镇化的不同发展阶段体现出来。

（二）城镇化的衡量标准

早期的城镇化水平是以城镇人口在总人口中所占比重来衡量的。该指标仅仅使用人口比重的变化来反映城镇化水平，未关注到城镇经济、居住环境以及基本公共服务等的变化。后来随着人们对城镇化“质”的关注，衡量城镇化的指标除了人口城镇化率外，还包括了土地城镇化率、资本城镇化率以及生活方式的城镇化率等。[②]

（三）城镇化发展的特征

从发展进程来看，我国城镇化可概括为 4 个阶段：中华人民共和国成立初期至改革开放时期的曲折缓慢上升阶段、1978 年至 1999 年的城镇化初级发展阶段、2000 年至 2010 年的城镇化加速发展阶段、2011 年至今的城镇化质量提升阶段。从发展水平来看，我国的城镇化水平大体趋势按地理分布从东往西逐渐递减，而且城镇化水平低于工业化水平。从发展动力来看，我国城镇化经历了由政府主导的外生模式到由经济发展带动的内

① http://renwu.people.com.cn/n/2013/0701/c357069-22030852.html.

② 居锦文. 中国的城镇化与小城镇化发展[M]. 北京:中国社会科学出版社,2013.

生模式再到外生与内生统一推动的过程。①

二、新型城镇化

（一）新型城镇化内涵

2012年，党的十八大论述了“坚持走中国特色新型工业化、城镇化、信息化、农业现代化道路，推动信息化和工业化高度融合、工业化和城镇化良性互动、城镇化和农业现代化互相协调，促进工业化、信息化、城镇化、农业现代化共同发展”，并将城镇化确立为我国未来经济发展的新动力与扩大内需的关键手段。新型城镇化的定义，是在传统城镇化的概念上进一步展开的，尚无明确统一的定论。一般认为，新型城镇化与传统城镇化相比，更加突出发展的科学性、集约性、协调性以及人本性。在城镇化发展的道路上以科学发展观为指导，转变为低污染、低排放、低投入高效益的绿色、集约型发展模式，并注重城镇化发展的步伐与工业化、农业化、信息化相协调，促进工业化和信息化的高度融合。在整个城镇化进程中以民生为主体，把“人”而非“物”作为城镇化建设的出发点与落脚点，保障“人”在城镇化发展中的利益。

新型城镇化改变了传统观念中城镇规模与数量的扩大的发展模式，其“新”的含义主要体现在：①城镇化过程中不再一味将重点放在城镇建设，开始统筹考虑农村的发展，更加注重农村与城市的协调发展。②不再以牺牲农业、环境为代价，注重优质、绿色、高效的小城镇的建设。③注重城镇化过程中人的身份转化，使农村人口享有与城市人口一样的居住环境与公共服务。

（二）新型城镇化发展的目标和要求

2014年3月，《国家新型城镇化规划（2014—2020年）》阐述了未来城镇化的发展路径、主要目标和战略任务。我国新型城镇化的目标和要求主要表现在以下几点：

---

① 石淑华. 中国特色城镇化：学术内涵、实践探索和理论认识[J]. 江苏社会科学，2015(4).

1. 加快农业转移人口市民化

推进户籍制度改革与基本公共服务均等化，推动更多人口融入城镇。深化户籍制度改革，健全和实施居住证制度，建立健全农业转移人口市民化的保障机制。

2. 优化城镇化的布局和形态

从全国来看，加快建设各种交通运输方式，促进高铁和高速公路等快速通道的建设，形成大中小城市和小城镇合理分布、和谐发展的“两横三纵”城市化战略格局。加快城市群建设发展，加大中心城市的带领和引导作用，以加快特色小城镇的发展。

3. 建设和谐宜居城市

转变传统的城市发展模式，提升城市治理水平，加大“城市病”防治力度，不断提升城市环境质量、居民生活质量和城市竞争力，努力打造环保、和谐、各具特色的城市。

4. 健全住房供应体系

增强政府的保障机制，加大市场调节的力度以满足不同层次的需求，优化住房供需结构，稳步提高居民住房水平，更好保障住有所居。完善购租并举的居住制度，推进房地产市场健康发展，提高住房保障水平。

三、牧区城镇化

牧区是大农业区域的重要组成部分，是以畜牧业及其相关产业生产为主要经济特征的少数民族聚居区的总称，承载着民族团结、文化传承、生态保护等重要使命。牧区一般以自然草原为生产资料，地域相对辽阔，人口分布相对稀疏，具有游牧、半游牧的生活方式和习惯。牧民生产方式相对粗放、生产结构单一，生产生活环境受自然环境制约，人均收入增长相对稳定、缓慢。人员流动性不强，接受新生事物相对较慢，宗教信仰相对集中稳定，区域特点明显。牧业是指畜牧饲养业。牧业是农业的一个重要方面，但人们往往将农业和牧业分开，忽略牧业与农业的紧密关系。

目前，我国的牧区和半农半牧区主要分布在内蒙古、新疆、西藏、四川、云南、贵州等地，其中，内蒙古牧区是我国最大的牧区。内蒙古从西到东，包括阿拉善盟大部、巴彦淖尔北部、乌兰察布北部、锡林郭勒几乎全部、哲里木大部，大抵都属于牧区。

（一）牧区城镇化的发生机制及内在逻辑

牧区城镇化遵循“经济理性”原则，即投入较少的成本能获得较大的收益。首先，对于城镇化是选择异地还是就地，牧民要分析内外部环境。如果当地经济发达，产业兴旺，能吸纳剩余劳动力，牧民能获得较高收入，牧民倾向选择就地城镇化；如果本地产业落后，土地沙化严重，牧民收入较低，教育、医疗资源不足，牧民有较强意愿选择去发达地区打工，提高家庭收入。其次，在处理市民化与草场关系的问题上同样遵循“经济人”特性。弃草场进城可以享受城市较高水平的公共服务和社会保障，非牧收入又要高于牧业收入。当前第二代农民工迅速涌入城市，他们具有一定的文化程度，对城市生活充满向往，期望在城市实现自我价值，同时又没有草地情结，草地对于他们而言不是必需品。这些在一定程度上符合牧民“效用最大化”的心理。但是，随着城市生活成本的不断上升，对于部分农民工而言，在城市中购房、接受优质教育和现代医疗有困难，他们会将草场视为养老的保障和退路，不愿意放弃草场。而在城市定居及发展较好的农民工，则将草场看作最活跃的经济要素，利用草场的增值空间可以获得巨大的效益，也不愿意放弃草场。尤其是随着乡村振兴战略规划的提出、户籍制度的改革、城乡差距的缩小，牧民开始重新权衡“弃草场”抑或“留草场”、市民化的成本与收益等问题。

从整体上看，只要条件具备，牧民倾向于从牧区流向城市，从牧民转变为市民，即使要放弃草场的权利和实惠。政府在城镇化进程中要尊重牧民的意愿，完善相应措施，保证城镇化发展和牧民利益的双赢。

（二）牧区发展与城镇化的关系

牧区城镇化是一把“双刃剑”。一方面，在城镇化的进程中，解决了牧区发展中面临的困难，如就业、经济发展等；另一方面，城镇化本身也带来一些负面的挑战。处理好牧区发展和城镇化的关系，可以加快牧区城镇化的速度，实现牧民收入增加和牧业可持续发展。

牧区城镇化是人口向城市转移，牧业向第二、三产业转移，牧民的生活方式、消费方式、居住地和居住形式都将发生改变。但真正的城镇化需要从心理到行为的深层次转变，包括国家政策、公共服务的供给和社会保障制度的完善，而不只是外在形式的城镇化。这将需要一段较长的时间，也是一段较为艰难的过程。

四、城镇化相关政策梳理

2013 年中央城镇化工作会议提出："城镇化与工业化一道是现代化的两大引擎。走中国特色、科学发展的新型城镇化道路，核心是以人为本，关键是提升质量，与工业化、信息化、农业现代化同步推进。"2013 年 11 月，中国共产党十八届三中全会提出要"完善城镇化健康发展体制机制"。其焦点在如何定义城镇化上，使得城镇化真正成为转变中国经济增长方式、扩大居民内需的动力和活力。

2014 年，《国家新型城镇化规划（2014—2020 年）》出台，这是在党的十八届三中全会提出新型城镇化概念之后的一项重要规划。新型城镇化与城镇化一脉相传，是针对在我国城镇化发展过程中出现的种种问题而提出的更为全面、科学的发展策略，是对传统城镇化的不足加以指正和完善而形成的。因此，新型城镇化代表着理论与实践相结合的探索。

党的十八大以来，党中央、国务院高度重视城镇化工作。截至 2020 年 11 月，我国常住人口城镇化率已经达到 63.89%，比 2010 年增长了 14.21 个百分点。[①] 这一数字变化意味着中国已经迈入"城市社会"，整个国家的经济和社会结构、城市管理模式将会发生根本性变化。中国城镇化发展的过程中，每年都有 1000 多万人口从农村转移到城镇，这种趋势在全面建成社会主义现代化强国的过程中还会持续。这意味着，城镇化过程中人口身份的转变能够给中国的经济发展带来巨大的动力和潜力。

① 数据来源：第七次全国人口普查。

第三章　新型城镇化

我国是一个统一的多民族国家，少数民族集中分布在我国东北、西南和西北地区。总人口在30万人以下的人口较少民族共有28个，人口合计189万人，主要分布在内蒙古、辽宁、吉林、黑龙江、福建、江西、广西、贵州、云南、西藏、甘肃、青海、新疆等13个省（区）和新疆生产建设兵团的2390个人口较少民族聚居行政村（人口较少民族人口比例不低于20%），所辖人口相对集中的自然村落约1万个。少数民族地区人口占全国总人口的8.5%，民族地区自治地方面积占全国国土总面积的64%。民族地区地域辽阔、人口分散。

城镇化是经济持续健康发展的强大引擎，在经济高质量发展阶段，分析和评价民族地区的新型城镇化发展质量并据此提出建议和措施，对提高民族地区新型城镇化建设质量、加快民族地区新型城镇化建设进程、推进区域协调发展、维护民族团结具有重要的现实意义。

第一节　我国新型城镇化进展及特点分析

城镇化就是人口向城市聚集，能推动产业结构、生产方式和生活方式的转变和向前发展，有学者称其为经济发展的副产品。我国自改革开放以来，工业经济建设迅速发展，大量农村人口向城市聚集，城镇化率不断提高，使我国城镇化出现了低起点、高速度的现象。但是，城镇化在促进经济迅速崛起、居民生活水平不断提高的同时，也带来了很多亟须解决的问题：由于我们只看到了城镇化给我们带来的好处，因此在城镇化过程中变得盲目，只注重单一的“土地城镇化”“物的城镇化”，而“人的城镇化”即农村转移人口的“市民化”没有真正实现，造成只有“量的城镇化”而没有“质的城镇化”。基于此，党的十八大提出要推进新型城镇化，并出台了有关文件指导新型城镇化建设，以新的理念、原则、要求来不断推进城镇化更好更快发展。新型城镇化是坚持以人为中心，以尊重自然规律为原则，以创新、协调、绿色、开放、共享为发展理念，注重新型工业化、信息化、城镇化和农业现代化同步发展的新型中国特色社会主义的城镇化道路。自实施新型城镇化以来，我们取得了一定成就，当然还有一些不足，现对其现状分析如下。

一、全国新型城镇化进展

随着经济的发展与新型城镇化的推进，我国城镇化率逐年提高。2013年我国城镇人口为73111万人，所占比重为53.73%，农村人口为62961万人，所占比重为46.27%；2017年我国城镇人口为81347万人，所占比重为58.52%，农村人口为57661万人，所占比重为41.48%，城镇人口增加了8236万人，农村人口减少了5300万人，城镇化率提高了4.79个百分点。截至2017年年末，全国人口城镇化率最高的省份是上海市，为87.70%，全国人口城镇化率最低的省份是西藏，为30.89%，二者相差56.81个百分点，全国城镇化仍存在发展不平衡问题。2013年我国的出生率、死亡率、自然增长率分别为12.08‰、7.16‰、4.92‰，2017年我国的出生率、死亡率、自然增长率分别为12.43‰、7.11‰、5.32‰。实施新型城镇化以来，人口出生率和自然增长率有所提高，死亡率有所下降，说明我国卫生医疗服务水平有所提高，降低了死亡率。2013年我国人口的性别比为105.22，2017年的性别比为104.81，性别比有所下降。截至2020年，我国人均生产总值为72000元，第二产业比重为37.8%，第三产业比重为54.5%，第二、三产业的从业人数为57349万人，人民生活水平得到了极大的提高，产业转型相对顺利。

二、全国新型城镇化特点分析

（一）新型城镇化方式趋于多样化

我国幅员辽阔，跨纬度大，地形和山脉走势多种多样，各地环境特征各不相同、自然条件优劣不一。不同的环境特征形成了各具特色的文化风光，而环境和文化的不同决定了推进新型城镇化方式的不同。

以陕西为例，陕西西部地区由于生活环境恶劣、生态环境脆弱，且农村贫困人口集中，凭借自身的自然资源无法实现贫困人口的脱贫，无法推动新型城镇化进程。因此陕西采取了易地搬迁的方式帮助贫困地区脱贫致富，走新型城镇化道路。“十三五”期间，陕西规划集中安置118.96万户423.68万人，占总安置户数的90.96%，其中在城镇规划区内安置96.11万户342.89万人，城镇安置率达到73.48%，陕西城镇化率将由此提高9个百分点。陕西在移民搬迁过程中形成了四类新型城镇化模式：依托县城的新型城镇化模式、依托集镇的新型城镇化模式、依托农村社区的新型城镇化模式、依托产业园区的新型城镇化模式。这四种模式既促进了当地产业经济的发展，拉动了内需，又促进了搬迁移民更好更快地融入城市生活，做到以人为本的新型城镇化，加快了城镇化进程。

东部地区的自然条件相对于西部来说比较优越，且经济发达，城镇化水平较高，人才吸引能力强，劳动力吸纳能力强。尤其是我国东部沿海地区部分农村工业发达，商贸服务业繁荣，为从下层实现城镇化，即就地城镇化提供了可能。浙江花园村就是就地城镇化的一个典型。近几十年来，花园村以经济建设为重点，以实现现代化的城市和传统农村的和谐共生为目标，掀起了农村就地城镇化改革。在改革过程中，坚持人口集聚和产业集聚，为就地城镇化奠定了坚实基础。产业的集聚直接促进了聚集经济和规模效应的产生，人口规模和人口密度也随之扩大和提高。村庄面积的扩大和人口的不断增加，为花园村的城镇化发展提供了条件。与此同时，花园村完善基础设施，优化公共服务，增进人民的福祉，学校、医院、公园、老年公寓等一应俱全，村民在村内即可享受与城市相同的公共服务，极大地提高了当地农民的生活水平和生活质量。实现了农民以第二、三产业就业为主，生活方式转变，身份向市民转化。

党的十八大和十八届三中全会提出新型城镇化概念，走出一条以人为本、四化同步、优化布局、生态文明、文化传承的中国特色新型城镇化道路。习近平总书记特别强调加快培育中小城市和特色小镇，全面提升城市综合承载能力。特色小镇开发建设作为推进新型城镇化、推进供给侧结构性改革的重要方式，受到了各部门的重视。全国各地开展了特色小镇的建设活动，并与乡村振兴战略相结合，取得了不错的成绩。保定的“恋乡·太行水镇”打造的乡村旅游综合体充分满足了客户需求，与民俗集群相结合，让游客体验简约、浓郁的乡村生活，打造集民宿与高端乡村旅游于一体的品牌；匠人谷文创小镇依托原大激店村600余套传统民居，打造大型工匠聚集区，吸收了石雕、铜雕、刺绣、剪纸等国家级和省级非物质文化遗产手工艺人，2017年被授予保定市“最美特色小镇”称号。苏州的苏绣小镇是江苏省首批省级特色小镇之一，是著名的“苏绣之乡”，很好地发展了特色产业——苏绣。特色小镇的建设已成为新型城镇化发展的重要模式之一，开辟了新型城镇化建设的新途径。

（二）发展差距日益扩大

目前我国经济不断发展，人民生活水平不断提高，但东西部发展差距、城乡发展差距正逐渐拉大。截至2018年，西部民族地区中，只有内蒙古的城镇化水平达到全国平均水平，西部民族地区平均城镇化率为50.36%，低于全国平均水平，与东部沿海地区平均城镇化率（70.69%）相差20.33个百分点。除此之外，东西部地区、城乡之间的公共服务配置、社会保障体系也十分不平衡，与新型城镇化所要求的均等化发展仍有一定差距。

目前我国的公共服务配置不平衡问题已经很严重。首先，一方面人们对政府提供的公共服务的要求越来越高，另一方面进城务工人员逐渐增加，城市常住人口逐渐增加，城镇化率提高，城市不断扩张，但政府提供的公共服务并没有与之相匹配，公共服务供给不足。其次，地区间公共服务水平不均衡。东部地区经济发达，财政资金相对充足，基础公共服务设施覆盖比较全面且提供水平较高，能更好地促进新型城镇化的发展；西部地区由于深处内陆，经济发展水平不高，缺乏足够的资金来提供公共服务，所以公共服务覆盖面窄且水平不高。最后，城乡发展不平衡。城乡差距近年正逐步拉大，除了直接客观的收入，还有教育、卫生医疗、养老等方面。以辽宁为例，在义务教育投入上，农村小学的师资配置以及学校基础设施建设（基础教育的用房、图书及运动场地和设施等）都远低于城市配置标准；在养老投入上，农村养老场所的建设投入过低，农村大部分地区都没有老年活动中心，老人休闲娱乐场所严重缺乏；在医疗保障上，农村医疗机构、医疗卫生人员、医疗技术人员配置不足问题十分突出，仅从每千人配置的卫生技术人员一项指标来看，农村为 3.43 人，而城市为 8.73 人，是农村的 2.5 倍多。这不利于新型城镇化的推进，因为新型城镇化要做到城乡统筹，城乡一体，缩小城乡差距，城乡共同发展。基本公共服务不均等已成为制约新型城镇化进程的一个重要因素。

我国的城乡社会保障体系虽逐渐完善，但仍存在诸多严重问题。首先，农村的社会保障体系不健全，覆盖面较窄，参保率低，试行标准低，社会化程度不高。我国经济发展不平衡，贫困地区的农户往往负担不起社保费用；农村经济发展水平一直不高，不能很好地积累资金，虽有一定的国家资金的支持，但至今整体投入还是较少，且资金筹集渠道单一，既不利于资金筹集，又增加了后期的风险。其次，在城镇化过程中，农民工的社会保障问题尤为突出。越来越多的农村人口转移到城市工作甚至安家，但他们并未享受到与市民同等的待遇。他们做着与城里人相同的工作，却得不到同等的对待，而作为保护伞的社会保障体系对他们的保障也很少。虽然现在出现了有关农民工社会保障的城保模式、双低模式、综保模式、新农保模式，但仍不能很好地解决农民工社会保障方面的问题，如待遇水平低、主要社会保障项目缺失、社会保障体系中各项制度不配套等。最典型的就是农民工子女上学问题，不能适时就地入学、超龄入学、异地升学、异地高考……还有医疗保险无法报销，异地就医费用高昂……这些现状与新型城镇化所要实现的“市民化”是相悖的。“市民化”要求在城镇化过程中保证农民的生活方式、素质、文化等各个方面真正融入城市，而现在的社会现状显然是与目标有一定差距的。

（三）多重问题阻碍新型城镇化发展

大量农村劳动力向城市的转移与集聚，带来了严重的农村“空心化”和留守儿童问题。农村“空心化”是一种变异现象，指在经济社会转型的大背景下，由于农业经济结构转变的推动力和城镇就业结构转变的拉动力，以人力资源为主的大量农村资源流入城镇，所引发的农村人口、设施建设、文化活动等多方面的“空心化”现象。大量青壮年劳动力的流出，导致农村地区出现年龄构成、劳动力比例、受教育程度等方面的结构性失衡，农村基础设施建设、农业生产、农民文化生活等处于停滞状态。这种农村“空心化”状况更加固化了城乡二元的结构体制，严重阻碍了城镇化的进程与发展。“空心村”问题已成为制约我国农村经济可持续发展的重要因素之一，也是我国农村经济建设和城乡一体化建设的重要难点，其实质是我国城乡二元经济不均衡发展引发的“三农”公共服务、农业土地资源利用等方面的问题。且这种“空心化”不仅仅指农村社会的“空心化”，还包括经济、人才、文化、空间形态的“空心化”。经济“空心化”使农业经济日渐衰退；人才“空心化”使专业的农业技术人才越来越少，极大限制了农业现代化的发展；文化“空心化”使传统的乡土文化缺失了主要的继承人，乡土文化无法传承与发展，最终走向没落；空间形态“空心化”降低了农业用地的利用率，农业生产率也随之下降。这样的“空心化”只会使城镇化的速度与质量发生脱轨，无法实现新型城镇化质的提高和乡村振兴战略下的城乡统筹发展。当然在解决以上问题时，我国实施了“一村一品”扶持特色产业发展等政策项目，也取得了一定成效，但想要解决“空心化”的问题还需要进一步的探索与创新。

如今我国经济转入中高速发展新常态，我国以城市化带动经济增长的发展模式开始转向城乡互动和区域协调发展，原有土地制度缺陷日益显现。土地制度改革成为推动乡村振兴的重要驱动力。面对新的形势和新的历史环境，深化土地制度改革，告别以土地财政谋发展的模式，寻找适合中国国情的土地制度改革路径，关系到我国经济社会的健康持续发展。为此我国相继实施了“增减挂钩”“人地挂钩”“人地钱挂钩”，来更好地解决土地财政制度中的突出问题，更好地推动城镇化进程。所谓“人地钱挂钩”是指：一是建设用地变动与城市人口变动相挂钩，激励和促进农业转移人口的市民化；二是劳动力要素流动与土地流转相挂钩，规范和协调农村土地的城镇化；三是人口市民化与政府公共服务保障相挂钩，规范支持性财政政策的制定并加强奖励资金管理。“人地钱挂钩”的土地财政制度，是遵循以人为中心，将农业转移人口市民化数量、建设用地指标、财政转移支付进行动态挂钩，实现进城农民、土地指标、财政补贴三者的有机衔接。但其在落实过程中也面临着困境：一是制度供给不足，立法相对落后。虽然新的土地财政政策在逐步落实、慢慢走上正轨，但是各地在实施政策时并没有提供足够的法制保障，仅有的立法文件立法层次也比较低，没有真正将其纳入法制轨道。二是保障服务缺失，政府角色缺位。三是要素流通不顺畅，资源配置失灵。劳动力、土地等基本要素在城乡之间并未实现真正的自由流动，人、地流动不协调，流动成本高等问题都使资源配置出现了失灵，“人地钱挂钩”制度无法完全落实，城乡发展不协调问题仍然存在。

城乡二元制度的不适应问题也日益凸显，到2017年年末，中国常住人口城镇化率是58.52%，户籍人口城镇化率是42.35%，意味着16.17%的人口没有真正市民化。而造成这种结果的主要原因就是我国的城乡二元制度，使进城的农民无法正常融入城市生活中，无法切实地做到市民化。长期形成的城乡二元体制使我国城乡之间的差距逐渐扩大，虽然近年来我国相继提出的农村现代化和乡村振兴战略使二者之间差距有一定缩小，但城乡差距仍十分明显。城乡二元体制已经严重限制了我国城乡一体化协调发展，延缓了我国现代化和工业化的步伐，极大地损害了社会公平，不利于社会的和谐稳定。尤其是户籍、财政、教育、社会保障等方面的城乡二元制度，将我国公民划分为社会和经济地位不同的两种人，使劳动力、土地等生产要素无法自由流动。农民工由于没有市民户籍身份，即使长期居住在城市也无法享受到同等的待遇，无法共享改革的发展成果，背离了新型城镇化的共享理念。

（四）新型城镇化发展面临重大机遇

习近平在2013年参加十二届全国人大一次会议江苏代表团审议时强调，城镇化要协同作战，不能单兵突进，要做到城镇化与工业化良性互动，城镇化与农业现代化协调互进。农业现代化最大的特征就是规模农业和规模经济。大力发展家庭农场等规模生产方式，树立生态农业、品牌农业等新型现代化农业理念，由此也将释放出大量的农村剩余劳动力；而新型城镇化建设则能充分吸纳剩余农业劳动力，使其参与与农业相关的第二、三产业，推动第一、二、三产业融合发展，提高农民收入，缩小城乡差距，振兴农业经济。与此同时，推动新型城镇化建设也将有助于为农业现代化提供必备的物质条件、技术装备和社会资本。总之，农业现代化与新型城镇化相辅相成。

为解决城乡问题，更好促进农村发展，最终实现新型城镇化的发展，我国提出了精准扶贫政策。新型城镇化具有以就地就近城镇化为主要模式、以人的城镇化为核心、以“四化同步发展”为理念支撑等特征，这些特征表明其与精准扶贫之间具有内在关联性。精准扶贫的“两不愁、三保障”保证了农民的不愁吃（饮水安全）、不愁穿、教育、住房安全和基本医疗，为农民的生产生活起到了极大的兜底作用，提高了农民的幸福感，从而促使农民、农村、农业加快发展，这与新型城镇化以人为中心的理念是相契合的。除此之外，与精准扶贫相关的易地搬迁和农业产业化发展更是或直接或间接地促进了农村剩余劳动力向城市的转移，促进了新型城镇化的发展。新型城镇化以“四化同步发展”为理念支撑，为精准扶贫提供了持续动力：首先，工业化为农业发展提供了资金、技术和现代化设备，促进了农村产业转型和升级，提高了农业现代化水平，为农村产业扶贫、剩余劳动力转移创造了条件。其次，城镇化拉动了农产品内需，保障了农业发展的市场需求，为产业扶贫奠定了基础。再次，信息化为农业提供了技术支撑和平台保障，加快了电商扶贫进程，扩大了农产品的销售渠道，提高了农民收入水平，提高了精准扶贫的效率和精准性。最后，农业现代化为农业发展带来了先进理念和技术，提高了农业生产率，增加了农产品产量，提升了农产品品质，有助于提高农民收入水平和自我发展能力。因此，新型城镇化对精准扶贫具有巨大的推动作用。以人为核心的新型城镇化与以人为本的精准扶贫，在目标和价值上具有一致性，且在实施过程中也是相辅相成、互相促进。我们要准确把握、认清新型城镇化和精准扶贫之间的内在联系，确保在新型城镇化进程中实现精准脱贫和持续脱贫，在精准脱贫和持续脱贫中更好地促进新型城镇化的发展。

党的十九大提出的乡村振兴战略成为解决“三农”问题、解决城乡矛盾的有力抓手。乡村振兴的二十字方针中，产业兴旺是乡村振兴的物质基础，重在整合资源，增加收入；生态宜居是内在品质衡量的关键，重在优化环境，改善环境质量，发展绿色产业，促进形成低碳绿色生活方式；乡风文明是主题价值塑造的保障，重在乡土文化的传承与创新，增强乡村振兴的软实力；治理有效是主体基础，重在基层组织建设，民主自治和科学决策；生活富裕是目标导向，重在村民享有平等的参与权利，共同分享现代化成果，使乡村真正成为幸福美丽的乡村。新型城镇化的基本特征是城乡统筹、城乡一体、产业互动、节约集约、生态宜居以及和谐发展，是不同形态的主体（大中小城市、小城镇、农村社区等）相互促进、相互协调的城镇化，是以人为本的城镇化，在社会保障、生活方式、居住环境、产业发展的方面实现从乡到城的跃迁，实现从城乡统筹到城乡融合再到城乡可持续发展，最终达到“人的无差别发展”。因此，乡村振兴的建设要求与新型城镇化的特征是有很多相似之处的，换句话说，二者追求的目标是相同的，都是缩小城乡差距、促进城乡的和谐发展。二者虽提出时间有先后，但是相辅相成，都是为了更好地解决城乡问题，更好地促进城镇化发展，在加快城镇化速度的同时，更注重城镇化质的提升。

第二节 民族地区新型城镇化进展及特点分析

我国民族地区主要是少数民族聚居区，地域辽阔，主要集中于西部地区，大多深居内陆且处于我国边境地带，是我国的战略重地。民族地区经济是我国经济的重要组成部分，民族地区的城镇化更关系着我国社会主义现代化强国的全面建成。本书主要以内蒙古城镇化为例，内蒙古新型城镇化概况将在第四章进行重点介绍。

一、民族地区新型城镇化概况

（一）新疆维吾尔自治区新型城镇化

新疆维吾尔自治区 2018 年国民经济和社会发展统计公报数据显示，2018 年年末新疆常住人口城镇化率为 50.91%，比上年年末提高 1.53 个百分点。新疆维吾尔自治区党委和政府贯彻新发展理念，落实高质量发展要求，按照自治区党委“1 +3 +3 + 改革开放”工作部署，以人的城镇化为核心，优化城市空间布局，完善城镇基础设施，健全法制体制机制，推动城乡融合发展，自治区新型城镇化建设取得了新成效。

农业转移人口市民化有序推进。新疆深入实施户籍制度改革，全面放开城市落户条件，稳步推进南疆农业人口落户城镇。截至 2018 年年底，累计发放居住证 313.52 万张，居住证制度实现全覆盖。建立随迁子女平等接受义务教育长效机制，2018 年全区共有随迁子女 55.14 万人。社会救助保障制度不断完善，22 个深度贫困县兜底脱贫对象全部纳入低保范围。全民参保计划加快实施，截至 2018 年年底，全区五项社会保险参保 4078.72 万人次。

依法划定生态保护红线，健全永久基本农田长效机制与制度。城市基础设施不断完善，全区高速公路突破 4800 公里，城市地下综合管廊建设工程稳步实施，县市实现城镇生活污水处理能力全覆盖。落实城镇化高质量发展机制，推进特色小镇和特色小城镇建设。

城乡融合发展积极推进。昌吉市等5个县（市）创建全国农村第一、二、三产业融合发展先导区。优化农业产业发展环境，吐鲁番、库尔勒被农业农村部评为首批中国特色农产品优势区。推进城乡基础设施一体化发展，2018年建设农村公路13606公里，实施6335个行政村光纤网络覆盖，全区行政村通宽带率达98%，贫困村通宽带率达95%。

新疆在新型城镇化建设中取得了成绩，但仍存在不足。截至2017年年底，北疆城镇化率为55.43%，南疆城镇化率仅为30.20%，而南疆总人口是北疆的1.13倍。南疆地区大部分人口集中在农村地区，人口文化程度偏低，发展理念落后，高等教育欠缺。与北疆相比，南疆乡村经济发展的内生动力不足。总体来说，产业结构不合理的问题依然突出，但是北疆地区要好于南疆地区。对外开放程度近年来有所下降，南疆地区进出口总额占地区生产总值的比重不足10%，北疆地区不足20%。城乡收入差距呈先拉大后缩小的变化趋势，南疆地区城乡收入差距要大于北疆地区。

究其原因，在资源环境方面，尽管新疆占地面积约为国土面积的1/6，但是大部分区域为沙漠和戈壁，生态环境较为脆弱，人口经济活动主要集中在绿洲地带，而绿洲主要分布在天山北坡等北疆地区，北疆城镇发展的资源环境要优于南疆地区。与北疆相比，南疆城镇分布更加分散，不利于城镇化的发展与人口集聚。在经济发展方面，北疆工业发展基础较好，基础设施建设更加完备，交通更加便利，区位优势更加明显，经济发展水平也优于南疆地区。在政策因素方面，从对口援疆政策到西部大开发政策均从北疆地区开始，在政策支持下，北疆地区经济得到快速发展，产业结构不断优化升级，基础设施建设不断完善，区位优势显现，在获取资本投资等方面更有吸引力。尽管《新疆城镇体系规划（2014—2030）》明确了新疆新型城镇化相对均衡发展的内涵，但是这一政策导向的效应还未显现。

为此，在规划制定上要统筹全疆，结合新疆乡村经济发展及新型城镇化建设的目标科学合理制定发展策略；适时转变发展理念，坚持乡村振兴战略与新型城镇化的双向驱动。重视区域差异，精准施策。新疆环境脆弱、资源有限，城镇化建设要科学适度，在新型城镇化驱动发展策略上要注重南北疆的差别化。新疆新型城镇化发展不同于内地，在提升新型城镇化发展水平、发挥新型城镇化溢出效应的同时应兼顾生态环境、资源承载、社会稳定和国家安全等问题。北疆地区新型城镇化发展水平较高，在新型城镇化建设中应更加注重环境保护、社会保障和基础设施建设等，通过提升新型城镇化的发展质量促进乡村经济发展。南疆地区新型城镇化率过于低下，应进一步加大农业劳动力转移力度，通过发展第二、三产业等增强吸收农村劳动力的能力，通过提升新型城镇化的发展水平促进乡村经济发展。

（二）西藏自治区新型城镇化

西藏地区由于本身地理位置的原因，城镇化虽然取得了很大的进步，但相对来说还是比较落后。中央第六次西藏工作座谈会以及“十三五”规划都把西藏城镇化的建设作为全面建设小康社会的重点。

西藏地区由于地理环境以及历史文化的特殊性，长期以来产业以农牧业为主，三次产业在西藏发展的限制性较大，经济功能十分薄弱。农牧业生产效率低下，仅仅能满足农牧民自身的基本生活需要。如今，西藏地区农牧业取得了很大的发展，但是经济功能相对还是比较薄弱，大部分只限于满足基本需求的交易和农副产品的初级加工上。城镇自身的生产能力和经济能力的欠缺，大大阻碍了城镇之间和城乡之间的联系，形成各自为政、各自埋头苦干、单一封闭发展的局面。

西藏大部分地区生态环境十分脆弱，全区92%以上地区海拔超过4000米，自然环境恶劣、地形复杂、环境脆弱、高寒缺氧，不具备一定的工业化条件，传统的以工业带动城镇化发展的路径是行不通的。西藏地处我国西南内陆，对外交通极为不便，运输成本高，与南亚一些国家之间为高山所阻隔，无法实现大规模的边境贸易。西藏多种地貌类型也为公路、铁路等交通设施建设带来了较大的难度和较高的成本，导致西藏难以建设满足工业化生产以及集约化运输需要的交通运输网络，限制了西藏城镇化的发展。

西藏的特殊性决定了其新型城镇化发展模式不能照抄照搬内地过去的

人口与土地城镇化模式，未来的新型城镇化应走以旅游业为主导的产业发展路径。西藏旅游业的发展对西藏城镇化的发展具有决定性的作用。

西藏的城镇化既要集聚人口又要保持相对分散，履行维护国家领土安全的责任。对于中心城市（镇），包括拉萨市以及6个地区行署所在的县（市），应进行大规模强化集聚。一方面要进行土地的集约化利用，提高基础设施和公共服务建设水平，优化空间布局，提升人口容纳力。另一方面要大力发展并推广特色产业。要实现“市、镇、村”一体的产业联动发展。加强基础设施，如物流、通信、交通等的建设，交通上以公路和铁路建设为重点、以航空为辅助，构建满足西藏发展的交通网络体系，在保证物流和服务的基础上满足产业联动发展的需要。

（三）宁夏回族自治区新型城镇化

宁夏回族自治区的城镇化是在经济实力弱、资源相对短缺、生态环境脆弱、城乡区域发展不平衡的背景下推进的。宁夏正处于城镇化深入发展的关键时期，中央作出了走中国特色的新型城镇化道路的重大战略部署，为建设开放富裕和谐美丽宁夏提供了千载难逢的发展机遇。2020年，以大银川都市区和石嘴山、固原、中卫三个副中心为主体的宁夏城市空间形态格局基本形成，区域中心城市战略地位明显提升，县城、中心镇辐射集聚功能显著增强，城镇化支撑内陆开放型经济试验区的作用进一步加强，城镇基础设施配置水平明显提高，城镇社会公共服务供给水平大幅提升，“人的城镇化”取得突破性进展。到2020年，全区常住城镇人口超过400万人，人口城镇化率达到60%以上，户籍城镇化率达到50%左右。

优化城镇空间布局，提高城镇综合承载能力。以服务国家级内陆开放型经济试验区为主攻方向，集中力量建设由银川市、吴忠市和宁东新区共同构成的大银川都市区和石嘴山、固原、中卫三个副中心城市，建设沿黄发展带、清水河发展带，以及太中银、银宁盐发展轴的“一主三副，两带两轴”的城市（镇）新格局。

推动产业转型升级，增强城镇支撑带动能力。以打造国际级现代煤化工基地、国家级生态纺织产业示范基地、西部国际旅游目的地、贺兰山东麓国际化葡萄文化长廊、中国（宁夏）清真食品穆斯林产业基地、中卫西部信息技术产业基地、区域性国际物流中心、银川现代服务业综合改革试点区、石嘴山资源枯竭型转型示范城市和积极推进中阿合作为突破，全力促进第一产业提质增效、第二产业优化升级、第三产业加快发展，构建强有力的新型城镇化的产业支撑体系，以城聚产、以产兴城、产城联动、融合发展。

完善交通运输体系，引导城镇协调发展。加快河东机场扩建步伐，建设内通外达的银川—临哈、兰州—新疆、银川—张掖、银川—新疆重载铁路，银川—乌力吉、中卫—乌力吉、甘武铁路复线等连接亚欧大陆桥的通道，银川—西安、银川—北京等国内快速铁路大通道，呼和浩特—鄂尔多斯—银川、银川—定边等能源化工“金三角”铁路通道，银川—河东机场—宁东、石嘴山—吴忠—中宁—中卫、中宁—同心—海原—固原、银川—永宁—灵武—太阳山等沿黄经济区城际轨道交通，开通石嘴山—银川—固原动车铁路专线等四条铁路大通道。以银川为核心，新建银西、银昆高速，打通威乌高速，建设甘武高速，构建区外城际公路以及石嘴山—中阿博览会永久会址—吴忠、石嘴山—贺兰山东麓葡萄文化长廊—中卫大通道、河东机场—沙湖后勤机场区内城际公路两条公路大通道。

推动农民落户城镇，加快市民化进程。深化户籍制度改革，放开农民进城落户条件，放活大中专毕业生落户迁移条件，放宽来宁夏就业人口的户口迁移条件。

塑造城市特色风貌，推动新型城镇建设。充分挖掘和提炼城市自然景观和历史文脉，把现代气息、历史神韵和地方特色融于各城镇建设中，塑造特色化、个性化、艺术化城镇。

（四）广西壮族自治区新型城镇化

2006—2016 年，广西各市的新型城镇化水平总体呈上升趋势。新型城镇化水平位于 40% ~60% 的城市包括南宁、柳州、桂林、梧州、北海、防城港及钦州。2017 年，国务院批复的《北部湾城市群发展规划》中提出“一湾双轴、一核两极”城市群框架，为推动北部湾城市群发展及提升广西新型城镇化水平带来了前所未有的重大机遇。《广西壮族自治区新型城镇化规划（2014—2020年）》提出广西城镇化发展目标：常住人口城镇化率至2020年达到54%；实现新增城镇人口700万左右，促进600万左右农业转移人口和其他常住人口落户城镇。截至2020年年底，广西壮族自治区实现常住人口城镇化率54.20%。得益于北部湾经济区开放开发上升为国家战略，以南宁为首的北部湾四市（南宁、防城港、钦州、北海）积极参与"一带一路"建设，加快产业转型升级步伐，不断完善城市功能，目前已基本形成支撑广西加快发展的核心增长极和战略引擎。

然而，广西新型城镇化建设仍有不少短板，如城镇公共基础设施、产业培育有待进一步加强；教育、就医、就业、农民工住房保障等公共服务有待进一步改善；由于农业转移人口落户城镇的制度约束以及相关权益保障体系尚不完善，近年来城镇化进度有所放缓。

应加强顶层设计，优化城镇布局，改善城镇环境，发展试点。广西推进9个农民工返乡创业示范区、5个农村产业融合发展示范区、2个产城融合示范区、14个特色小镇、海绵城市、智慧城市、投融资体制改革、建制镇等国家专项试点；开展23个新型城镇化示范县、101个百镇建设示范工程、30个产城互动试点园区、38个农民工创业园等自治区层面试点。通过相关试点政策叠加，调动了地方积极性，有力推动了广西在新型城镇化相关领域的先行先试。

（五）甘肃省新型城镇化

甘肃省地处我国西北地区，由14个市州组成。2010年和2020年，我国的城镇化率分别为49.95%和63.9%，甘肃省的城镇化率分别为36.12%和52.23%。2017年，甘肃省除了兰州、嘉峪关、金昌和酒泉的城镇化率高于全国平均水平外，大部分城市的城镇化率低于全国均值，且陇南、甘南等7市的城镇化率低于40%。甘肃省资源丰富但分布不均，随着城镇化进程的不断推进，必将出现发展资源、能源供给不足的问题。

根据《国家新型城镇化规划（2014—2020年）》，甘肃省也制定了《甘肃省域城镇规划（2013—2030年）》（以下简称《规划》），经国家批准实行。《规划》明确提出，2020 年常住人口城镇化率达到 50% 以上。明确“一廊一核三轴两通道”的空间结构。“一廊”为丝绸之路经济带，依托陇海—兰新通道，自东向西连通天水、定西、兰州、武威、金昌、张掖、酒泉、嘉峪关、玉门 9 个城市，是丝绸之路经济带重要城镇和产业支撑，也是甘肃新型城镇化的主导空间；“一核”是指兰州都市圈这一区域发展核心；“三轴”是兰渝文化生态、兰—临—合文化生态、兰—平—庆特色资源 3 条特色城镇发展轴；“两通道”是指银川、兰州、西宁城镇互动发展通道和平凉、庆阳、天水、陇南互动发展通道。

“一带一路”倡议的提出使甘肃站在新的历史高度，迎来了全新的发展机遇。借助“一带一路”平台，甘肃充分利用各地资源优势，培育主导产业，通过优势互补，提高各区域对外开放水平。同时，甘肃将丝绸之路经济带建设与“国际陆海贸易新通道”建设相结合，进一步打造兰州、天水、武威三大国际陆港，进一步加强与相关国家和地区的贸易合作，提升新型城镇化质量。在“一带一路”背景下，甘肃省各地区有必要认清自身与周边国家、地区的绝对优势和比较优势，加快经济发展方式转变，促进高排放、高能耗、高污染产业向绿色低碳、高技术含量、高附加值产业转变。

甘肃省经济发展水平较低，城乡二元结构突出，城乡差距仍然较大，应建立健全城乡融合发展的体制机制和政策体系，在教育、医疗、文化等多方面缩小城乡基本公共服务差距。甘肃省地形狭长，城镇人口稀少，导致了城镇布局不合理等问题，要合理设计城镇化布局和结构，完善城镇之间的网络连接体系。

（六）青海省新型城镇化

青海省政府早在 20 世纪 80 年代中后期就提出了十六字发展战略，即“脱贫致富，发展青海，改革开放，资源开发”。《青海省新型城镇化规划（2014—2020）》提出，到 2020 年，青海省城镇化格局明显优化，规模结构更加合理，以 1 个大城市、4 个区域性中心城市、8 个左右新兴城市和 80 个重点城镇为主体的新型城镇化格局基本形成。在党中央的全力扶持下，在该战略方针的指引下，通过遵循优势资源这条主线，青海重型工业获得了突飞猛进的发展，很多大中型企业依托自身的资源优势应运而生，资源开发与加工相结合的工业体系框架基本形成。与此同时，城市化进程明显加快。

在城镇化发展过程中，也出现了很多问题。青海省虽然土地面积广大，但人口稀少，截至 2019 年年末，青海省常住人口只有 607.82 万人。城镇数量少、规模小，相互之间距离遥远，辐射带动能力弱。

为此，青海省政府出台了一系列举措：优化城镇规模结构，增强中心城市辐射带动功能，加快发展中小城市，有重点地发展小城镇，促进大中小城市和小城镇协调发展；完善综合运输通道和区际交通骨干网络，强化城市群之间的交通联系，加快城市群交通一体化规划建设，改善中小城市和小城镇的对外交通；借助《国家新型城镇化规划（2014—2020 年）》的要求，加快青海省交通一体化规划建设，打通大中小城市和小城镇交通连接，发挥综合交通运输网络对城镇化格局的支撑和引导作用，形成合理的城镇体系，发挥中心城市的辐射带动作用，带动中小城市和小城镇的发展。

青海农牧区的重点开发区域是以格尔木为中心的柴达木地区，该地区的地理位置、生态条件存在诸多限制。为实现新型城镇化、拉动青海农牧区经济的整体向好发展，就要通过城市群形态的发展，化解大城市发展空间不足的问题，集聚人口。要实现这个目标，政府应该在基础设施建设、公共服务等方面提供更多支持，完善优化城镇布局，突出城镇特色，促进城镇与农村基本公共服务均衡发展，吸引更多外来人口定居，带动更多新兴产业在城镇落户发展，推动城镇节能、低碳的绿色发展，将城镇打造成为生态宜居、幸福美好的新家园。

（七）云南省新型城镇化

云南省政府出台了《云南省人民政府关于深入推进新型城镇化建设的实施意见》，为云南省新型城镇化建设提出了总体要求：到 2020 年，云南省全省常住人口城镇化率达到 50%，户籍人口城镇化率达到 40%。实现全省累计新增城镇户籍人口 500 万人左右，引导 250 万人在中小城镇就近就地城镇化，促进在城镇稳定就业和生活的 150 万人落户城镇，推动 100 万人通过棚户区、城中村改造改善居住条件，实现城镇化。

为全面深入贯彻落实《国务院关于支持云南省加快建设面向西南开放重要桥头堡的意见》，云南省出台了《云南省沿边地区开发开放规划(2016—2020 年)》，加快推进新型城镇化试点、全面提升城市功能、健全新型城镇化工作推进机制，深入推进云南省新型城镇化建设。规划指出，全面落实国家西部大开发的产业政策，积极承接产业转移；深入推进新型城镇化建设，使云南省的城镇化水平不管是在速度上还是在质量上都有较大的提升。

但是，云南省城镇化发展面临着基础设施建设不完善、区域发展不均衡、生态环境脆弱、建设资金不足等问题，新型城镇化过程中仍面临着城镇化水平区域差异明显、城镇规模小、城镇实力弱等问题。

为提高云南省新型城镇化水平，政府指出，加大特色城镇建设，增强特色城镇就近就地吸纳人口集聚经济的能力。到 2020 年，全省建成 210 个特色小城镇。加强城镇发展与基础设施建设有机结合，统筹公共汽车、轻轨、地铁、现代有轨电车等多种类型公共交通协同发展。到 2020 年，全省大城市公共交通占机动化出行比例达到 60% 以上。加强城镇供水管网和污水处理及循环利用设施、雨污分流设施建设。到 2020 年，城市和建制镇集中供水普及率达到 95% 和 85%，县城和县城以上城市污水集中处理率、生活垃圾无害化处理率均达到 87%。城市建成区绿地率达到 32%、绿化覆盖率达到 37%，人均公园绿地面积达到 10 平方米。推动城乡协调发展，健全农村基础设施投入长效机制。到 2020 年，全省建成 5000 个美丽宜居乡村典型示范村。通建制村路面硬化工程实现 100% 覆盖，推进路面硬化工程向自然村延伸。加大农村环境综合整治，大力改善农村人居环境。美丽宜居乡村村内生活垃圾定点存放清运率达到 90%，生活污水处理农户覆盖率不低于 70%，规模养殖场畜禽粪便有效处置及综合利用率达到 80% 以上，农作物秸秆综合利用率达到 85% 以上。建成结构合理、技术先进、安全可靠、智能高效的现代农村电网。电能在农村家庭能源消费中的比重大幅提高，到2020年，农村地区供电可靠率不低于99%，综合电压合格率不低于97%。

（八）贵州省新型城镇化

截至2020年年底，贵州省地区生产总值增速连续10年居全国前三位，农业增加值、固定资产投资增速均居全国第一位。但从总量来看，2020年贵州省地区生产总值仅为17826.6亿元，在全国31个省区市中排名第20，全省人均生产总值只有46267元，在全国排名第25，经济总量仍然偏小，人均产值依然偏低。贵州当前正处于城镇化发展的加速阶段，经济持续高速增长，从2003年到2017年连续15年保持两位数增长，即使在外部环境异常复杂、省内社会固定投资出现下滑的2018年也保持了9.1%的增长率，高出全国水平（6.6%）2.5个百分点。

近年来，贵州省城镇化发展速度较快，但无论与全国平均水平相比，还是与周边省份相比，城镇化水平仍然偏低。截至2019年，贵州省城镇化率为49.02%，居全国倒数第四位，比全国平均水平低11.58个百分点。在全省内部，区域差异也比较明显。黔中城市群的城镇化水平相对较高，外围地区城镇化的发展水平较低。贵阳作为贵州省唯一的大城市，虽然首位度高，但经济实力仍然较弱。2019年贵阳市人均生产总值为8.2万元，在西部省会城市中排倒数第三位。贵州省至今依然是一个纯粹的农业大省，产业支撑仍然较弱，吸纳就业能力不足。2019年全省三次产业结构为13.6∶36.1∶50.3，但第一产业的就业人口占比却超过了52%。

贵州省政府遵循以线连点、以点带面的布局理念，做强核心城市，重点推进黔中城市群建设，推动产业和人口集聚，形成引领全省发展的核心。完善遵义、安顺、都匀、凯里、毕节等地经济联系，加强兴义、水城、铜仁等中心城市建设，使其成为具有带动作用的区域性中心城市。突出县城和中心镇建设，扩大城镇化发展的范围，形成层次分明、体系合理的新型城镇体系。依据农业转移人口的规模，积极并合理发展与之相匹配的劳动密集型产业，增加转移人口可就业的岗位，增强城镇吸纳就业的能力。

二、民族地区新型城镇化特点分析

（一）民生工程成就显著

习近平总书记在党的十九大报告中提到实施区域协调发展战略，加大力度支持民族地区快速发展，强化举措推进西部大开发形成新格局，建立更加有效的区域协调发展新机制，以城市群为主体构建大中小城市和小城镇协调发展的城镇格局，加快农业转移人口市民化。大力推进民族地区城镇化，民族地区的城镇化水平有所提升。在新型城镇化过程中，各地坚持以人为本，加大基础设施、教育、医疗、养老等方面的财政支出，完善基础设施，基本公共服务体系逐步完善或已经建成，满足人民不断增长的公共服务需求。提高民族地区农民城镇化过程中的社会保障水平，努力消除城乡之间的差异，促进城乡公共服务均等化，消除进城居住农民的后顾之忧，让其在生活方式和生活条件方面真正融入城市生活，加快市民化进程。

内蒙古的“十个全覆盖”工程就是推进民族地区城镇化的典型。“十个全覆盖”工程2014年开始实施，2016年截止，经过2年多努力，实现了9388个行政村全覆盖，占自治区行政村的84.4%，53.6万户农牧民住进了新居，259.2万农牧民和学校师生喝上了安全水，38776.3公里街巷完成硬化，10626户牧民实现通长电，88.6万户农牧民看上了高清数字电视，新建、恢复幼儿园和中小学1055所，新建6147所标准化卫生室，9337个文化室，5896个便民连锁超市，508.9万人享受到基本养老保险和高龄津贴。“十个全覆盖”工程补齐了农牧区公共服务“短板”，实现了住房、交通、水电等基本公共服务的全覆盖，让农牧民的生活幸福全覆盖，获得感大幅提升。

（二）城镇化方式的适应性与多样性并存

我国民族地区大多处于偏远地区，受自然环境恶劣、交通不便、历史文化因素的影响，经济发展水平不高，缺乏现代化气息，但其在这样的环境下形成了独特的民族文化，民风淳朴且极具特色。在推动民族地区新型城镇化进程中，各地努力挖掘自身文化特色，开发旅游资源，使第一、二、三产业协调发展，带动经济增长，提高人民生活水平，改善人民生活。

四川地区聚集着回、羌、苗、藏、彝等14个少数民族，民风淳朴，民族文化丰富多彩。虽然自然环境恶劣，但形成了与众不同、别具一格的自然景观，这里群山环抱，湖泊星罗棋布，既有雄伟壮观的险峻风光，也有小家碧玉般的清新恬淡。凭借着这些重要的文化自然资源，如今四川西部形成了以阿坝州和甘孜州等具有独特高原地貌的区域为代表的藏羌、康巴特色文化带，推动了当地经济质的飞跃，切实提高了当地人民的生活水平

辽宁阜新蒙古自治县结合当地蒙古族文化特色，大力发展旅游业，目前形成了“天辽地宁蒙古贞”的形象定位，在发扬与传承当地特色文化的同时，拉动了当地经济的发展。

云南作为一个“边疆、民族、山区、贫困”四位一体的省份，在推进城镇化建设的过程中，在全国率先提出了“城镇用地上山”的理念并付诸实施，有效地保护了坝区（云贵高原对山间盆地的称呼）农田，走出一条符合云南实际的城镇化科学发展之路。云南省内山地面积占84%，而适合耕种的盆地、河谷面积仅占6%，所以“山地城镇化”是解决云南省人地矛盾、保障建设用地开发和农耕用地保护的必要途径。一方面，城镇和工业向山地的转移发展，可以减少建设用地和工业对优质良田的占用，减轻农产品供给压力，保障粮食安全；另一方面，城镇化和工业化向山区的转移可以带动山区经济的发展，为山区人民提供就业岗位，促进当地人民就业，带领山区人民致富，提高山区人民生活水平。云南的山地城镇化取得了显著效果，得到了社会各界和人民群众的普遍认可，最终实现了耕地资源保护与经济建设良性持续发展的双赢格局。

内蒙古鄂尔多斯市凭借资源富集优势，通过资源产业带动实现了城镇化。众所周知，鄂尔多斯市矿产资源丰富，尤其是煤、稀土、天然资源富集。依靠国家西部大开发政策，鄂尔多斯经济自2000年以来飞速增长，人均生产总值一度赶超我国一线城市，实现了经济的腾飞，综合实力位列中国城市50强。截至2020年，全市城镇化率已达到77.45%，在内蒙古各

盟市中处于中上游的位置。通过对本地区资源富集优势的开发利用，鄂尔多斯市摆脱了贫穷落后的局面，经济高速发展，经济实力不断增强，新型城镇化的发展速度更快、质量也更高。由于民族地区矿产资源丰富，因此以鄂尔多斯市为代表的资源型城市的建设也成为民族地区新型城镇化的重要选择之一。

（三）各民族地区与各民族人口城镇化发展不平衡

截至2017年，全国八个少数民族地区只有内蒙古的城镇化率高于全国平均水平，其他地区均低于全国平均水平，其中城镇化率最低的西藏只有35.73%，与全国平均水平相差28.17个百分点。有些民族甚至出现了城市少数民族减少的趋势。各民族的城镇化水平也不平衡，各民族之间的城镇化水平存在着巨大差异，相去甚远。2005年城镇化率最高的俄罗斯族的城镇化率（81.36%），是城镇化率最低的傈僳族（4.34%）的近20倍，2010年俄罗斯族的城镇化率（84.59%）是傈僳族（10.76%）的近8倍。

基于2018年统计数据，2017年全国的出生率为12.43‰，死亡率为7.11‰，自然增长率为5.32‰，而在八个少数民族地区只有内蒙古的出生率及自然增长率低于全国平均水平，新疆和西藏的自然增长率分别高达11.40‰和11.05‰。只有内蒙古呈现了低出生率、低死亡率、低自然增长率的态势，完成了人口转变，而其他民族地区还未完成人口转变。从性别比来看，全国平均水平为104.81，在八个民族地区中内蒙古、西藏、宁夏、新疆的性别比低于全国平均水平，人口出生性别比较为正常。全国总抚养比为39.25%，其中广西、贵州、新疆、西藏的总抚养比高于全国平均水平，劳动力抚养负担较重。文盲人口占十五岁以上人口比重，全国平均水平为4.85%，只有内蒙古、新疆、广西低于全国平均水平，西藏最高，为34.96%，扫盲任务艰巨。人口转型不彻底、教育水平低等都是影响民族地区城镇化进程的重要因素，民族地区城镇化建设任重道远。

（四）政策的统一性与民族地区的特殊性相冲突

各民族地区立法不完善、立法层次低、立法效率不高，在城镇化过程中与农民权益保护相关的法律法规不健全，增加了农民向城市转移的担忧。且民族地区立法没有考虑本地的民族特色，使法律的规定与当地人民的生活产生区隔。失地农民再就业困难。由于环境条件长期生活于偏远山区，教育水平不高，思想观念落后，且很多农民没有一技之长，年龄又偏大，在城市就业人群中处于弱势，只能找到技术含量不高、工资待遇低的工作，无法满足其生活与子女教育需求。失地农民的养老保险覆盖面窄，个人缴费比例较高。由于各地区经济发展水平存在差异，其养老保险的给付水平不一，但是大多数西部民族地区的养老保险覆盖面窄、水平低，有的地方甚至低于 100 元，根本无法满足其日常开销；个人缴费比例较高，即使政府负担了 60% 的费用，但对于贫困地区失地农民来说仍是不小的开支，所以很多农民都拒绝参保，失地农民抵御风险的能力大幅降低。征地过程中资金补偿款不到位，资金被截流的现象时有发生，失地农民利益大打折扣。失地农民的社会保障没有实现城乡统筹。在城镇化过程中西部少数民族地区失地农民很少享受到城市居民的社会保障权益，并且统筹层次不高，无法与城市居民社会保障对接。

民族地区土地流转参与度低，土地制度改革受到严重限制。由于民族地区教育水平落后、生活闭塞，与汉族相比，少数民族更不愿意出让自己的土地，土地流转的参与性差，同时政府干预过多等致使新型城镇化进展缓慢。恩施市龙凤镇地处武陵山贫困集中连片区，是少数民族聚居区，也是我国少数民族贫困区的典型代表。虽然近年来在政府脱贫减贫的帮助下城镇化水平有了明显提升，但其城镇化仍存在不小的问题，尤其是土地流转范围小，土地资源大量浪费，资源配置得不到优化，限制了新型城镇化的发展。当地土地流转存在的主要问题有：农村土地流转意愿较低，认为土地是其重要经济来源；土地流转规模总体不大，大多数村落土地流转率不高，有的山村土地流转率甚至不到 10%，拉低了土地流转率，也延缓了农业产业化的发展进程；土地流转时政府干预过多，政府并未明晰与市场的界限，导致土地流转并非按照市场规律进行，资源得不到最优配置，村民租金收入降低，损害其利益。

生产要素的协同问题同样困扰着民族地区的城镇化推进。其一，土地与资本协同不到位。土地是稀缺的，进入市场会产生增值，会使土地资源转化为土地资本。而我国目前将土地资源转化为土地资本的方式有两种，一是通过国有征地使其转化为国有资本，再使其进入市场增值，但是通过此种方法获得增值被国家占有，集体土地所有权人享受不到其中的利益；二是赋予农民土地的自主开发权，但是这种情况下真正得到开发的只是那些肥沃、交通便利的土地，而贫瘠、偏远地区的土地则无法得到开发，土地资源仍会浪费。贵州的务川县就是这一流转方式的典型，仅 323 户农户通过出租和转包、转让、互换等方式完成土地流转，剩余的土地处于闲置撂荒和无力经营的状况，土地与资本协同不到位。其二，土地与劳动力转移过程不能协同推进。从目前来看，民族地区土地城镇化快于人的城镇化。其三，土地与产业发展不协调。工业地产全面过剩，工业园区如今大多空房闲置，土地的开发并没有带来厂商的项目投资和产业的集聚。

城乡二元制度制约着民族地区经济的发展和城乡一体化的实现。在优先发展重工业的战略下，农业农村支持工业城市的发展，在当时发挥了不可磨灭的作用，使我国在短时间内建立了完整的工业体系，极大推动了当时我国经济的发展。但如今城乡二元经济结构远远不能满足经济发展的要求，反而成为经济发展中极大的障碍。城乡二元结构将城市、乡村进行空间分割，不仅限制了城乡之间资源要素的自由流动，还逐渐成为统一开放的竞争性市场经济体系的一大障碍，严重掣肘着城市和农村之间的相互扶持与共享发展。民族地区向来文化淳朴且极具特色、矿产资源丰富、生态环境优美，但这些优势在优先发展重工业所带来的二元结构下，却逐渐弱化为相对劣势，最终造成城乡差距越来越大，城乡居民无法获得物质精神生活均等化，不能共享改革以来的发展成果，新型城镇化的发展受阻。

（五）“一带一路”带来重大机遇

“一带一路”是丝绸之路经济带和 21 世纪海上丝绸之路的简称，分别于 2013 年 9 月和 10 月由中国国家主席习近平提出。“一带一路”承载着合作与发展的理念，旨在借用古代“丝绸之路”的历史符号，重新打通贸易通道。“一带一路”的辐射空间几乎覆盖了我国大多数民族地区，丝绸之路经济带辐射的地区有新疆、内蒙古、宁夏、甘肃、青海等少数民族聚集区和散居区，21 世纪海上丝绸之路辐射的地区有广西、云南、贵州等少数民族聚集区和散居区。各民族地区依据自身的区位优势和资源禀赋发挥更多元化的作用。在推进“一带一路”建设的同时，各民族地区依托各地区经济发展特点以及共同优势相互合作，形成了呼包鄂榆、黔中、滇中、兰州—西宁、宁夏沿黄等城市群，和以拉萨为中心、以喀什为中心的城市圈。内蒙古北部地区、新疆西北地区、云南、广西南部地区的一些口岸城市已经成为国家重点开发开放试验区。因此，“一带一路”倡议的实施为民族地区新型城镇化提供了重要的机遇。

（六）发展模式特色鲜明

在各地区的城镇化进程中，发展模式问题逐渐受到关注。它不仅关系到城镇化的运行质量，也影响着整个城镇的发展水平。对于民族地区而言，由于经济基础、自然资源、生活文化环境和生态环境与普通地区相比存在较大差异，城镇化发展模式自然也就有别于其他地区。在全国持续开展城镇化建设的新时代背景下，民族地区结合已有的民族特色优质资源，形成了特色鲜明、别具一格的城镇化发展模式，重点包括工业发展助推型、草原牧业发展型、旅游产业带动型、边境贸易推动型等四大城镇化发展模式。

工业发展助推型模式是将工业化作为城镇化的发动机和根本动力。工业化的发展促进了工业的集中和企业规模的扩大，从而带来城镇规模的扩大和新工业城镇的形成，也不断吸附着从土地中释放出来的农村剩余劳动力，促进了城镇人口的增加。在经济社会发展过程中，工业化是支撑，为发展提供动力源泉并促进城镇化发展。城镇化是载体，为发展提供基础平台并促进工业化向纵深推进。因此，工业发展助推型模式重在依托本地丰裕的自然资源和发展实际，逐步加快发展以工业为主的第二产业，带动大量农业转移人口在城镇就业，进而实现城镇化的快速发展。

草原牧业发展型模式顺应草原牧区人口向城镇集中的客观趋势，是解决民族地区草畜矛盾、推动草原牧业可持续发展的重要发展模式。草原牧业发展水平的提高、特色牧业的大力发展不但能够增加当地居民的收入水平，促进经济社会的又好又快发展；而且能够助推农牧业人口向第二、三产业转移，为城镇化水平的加速贡献力量，以此产生更为强劲的城镇化效应。

旅游产业带动型模式重在发展旅游业、推进特色城镇建设，进而带动实现城镇化的发展，属于民族地区首要的、也是最突出的城镇化发展模式。旅游业作为城镇化发展的后续动力，不但能够为当地的农业转移人口提供大量的就业机会，推动农业人口市民化的进程，带动当地经济的发展；而且能够促使地方政府积极完善基础设施建设和配套的公共服务，满足日益增长的旅游需求，进而形成“旅游业发展—城镇化加速—旅游业发展”的逻辑循环链条。

边境贸易推动型模式重在通过发展边境贸易来促进农业转移人口的市民化，进而带动城镇化的发展；或者是凭借与别国接壤的区位优势，大力发展边境贸易，并力求建成边贸重镇，实现城镇化进程的加速。

第三节　牧区城镇化进展及特点分析

牧区是中国农村的一个特殊区域，是以畜牧业生产为特征的少数民族聚居区的总称，是大农业区域的重要组成部分，以畜牧业生产以及相关产业为主要经济类型，以自然草原为生产资料，地域相对辽阔，人口分布相对稀疏，具有游牧、半游牧生活方式和习惯，生产方式相对粗放，生产结构单一，生产生活环境受到自然环境制约，人均收入增长相对稳定和缓慢，宗教信仰相对集中稳定，区域特点明显。我国牧区面积占国土面积的40%以上，在我国整体战略发展中具有重要地位。牧区经济关系着我国经济的发展，是影响我国实现现代化的不可忽略的重要因素。但我国牧区多处于干旱、半干旱地区，水资源短缺，水土资源不匹配，草畜平衡矛盾突出，草原退化沙化严重。城镇化的推进对于牧区来说具有重大意义，牧区城镇化是实现牧区现代化的重要推动器。因此，新型城镇化战略提出以来，牧区各地进行了不同的探索，取得了显著的成就，也出现了相关问题。

一、牧区城镇化效果显著

以内蒙古为例，2015 年新巴尔虎右旗的常住人口有 3.49 万人，与 2010 年第六次人口普查的 3.64 万人相比，减少了 1500 人，反映了这五年中新巴尔虎右旗的人口流动，也反映出新巴尔虎右旗剩余劳动力人口转移工作取得了显著效果。鄂尔多斯市农村牧区人口由 2013 年年底的 55.74 万人减少到 2018 年年底的 53.02 万人，累计转移农牧民 2.72 万人，农牧区人口转移趋势明显。农牧民流动的原因主要有：其一，生态环境保护和牲畜价格下跌造成牧民收入减少，牧民开始离开牧区进城务工增加收入。其二，年轻人思想发生转变，对牧区工作越来越不感兴趣，大部分人选择去外面工作；同时由于从小在外面读书，很多年轻人对牧区的工作不是很了解，所以毕业后大多不愿再回牧区，而是选择在城市找一份工作。其三，一方面近年城镇化、工业化进程加快，需要大量的农牧区剩余劳动力进入第二、三产业，为农牧民提供了大量的就业岗位，起到了拉动效应；另一方面牧区现代化步伐加快，农牧业规模化经营、大型机器的运用，使农牧区大批劳动力被释放出来，进入第二、三产业，形成了推动作用。

二、牧区城镇化面临多重问题

资源开发不足，基础设施不完善严重制约着牧区城镇化的进程。青海和西藏的高寒牧场，植被脆弱，生态环境抵抗能力差，且气候寒冷。牦牛产业成为这一地区特色产业，除了牦牛肉的食品加工，还有对牦牛绒毛的特色纺织产业开发。推动牦牛产业向高端化发展，促进牧区经济的转型是牧区发展的必然趋势。但藏区牦牛产业起步较晚，目前藏区纺织业仍相对落后，对牦牛进行开发的企业不足，产品效益开发较少，资源被浪费。草产业是以草地资源为基础，通过牲畜的放牧和圈养获得畜产品的产业，是内蒙古最具地区特色的产业，也是内蒙古经济社会发展的基础产业。草产业具有极强的拉动效应和经济效益，是现代农业的发展方向。为支持草产业的发展，国家和自治区向牧区投入大量资金，有 146 万户 534 万农牧民从中受益，农牧民收入明显提高，草产业稳定发展成效显著。伴随着牧民收入的增加、生活水平的提高，城乡收入差距逐渐减少，更好地实现了城乡协调发展。但是从整体看，我国草产业的发展仍处于传统的游牧半游牧经济向商品经济的转型过程中，我国草产业发展的技术和模式与国外发达国家相比仍有很大差距，面临着速度慢、基础不稳、水平低、草原退化严重、抵抗灾害能力弱等问题。

牧区经济发展单一，辐射面窄小。内蒙古库伦旗是半农半牧区，南部为农区，北部为牧区。2020 年政府工作报告显示库伦旗常住人口城镇化率达 40.32%，与内蒙古自治区平均城镇化水平（67.48%）和全国平均城镇化水平（63.9%）相比仍有不小差距。牧区城镇化水平难以提高的原因有：其一，产业结构不合理。仍以库伦旗为例，2012 年库伦旗的产业结构比例为 22∶52∶26，第二产业占据绝对优势，第三产业发展不足。虽然发展起来的这些工业企业已经成为当地政府重要的财政支柱，但是由于工业生产的自动化和专业化，无法提供更多就业岗位，无法解决失业牧民的再就业问题。与此同时，蒙古族牧民搬入城市后，由于语言不通，就业途径大大减少，且政府没有提供合适的再就业培训，使牧区人民再就业出现困难，经济收入不足，消费能力有限，第三产业发展动力不强，进一步增加了牧区城镇化的难度。其二，小城镇辐射带动作用不强。牧区的典型特点是地广人稀，且城镇大都是人口不足 1 万人的小城镇，所以城镇本身吸纳能力有限、相距较远，城镇化的辐射功能无法充分发挥。

社会保障体系不完善，养老问题更加突出。牧区社会保障体系建设起步晚，发展相对滞后，与城市相比，保障面更是相对较窄，保障水平也较低。新型牧区合作医疗制度统筹层次低，抗风险能力弱，主要是牧民自己缴纳和国家补贴相结合；牧区最低生活保障标准也低于城市。牧区的养老问题日益突出。牧民由于地理环境的原因，就医不便，并且随着城镇化日益推进，牧区青年人逐渐走出去，脱离了牧区生活，但年迈的老人由于生活习惯、文化习俗、经济等方面的原因无法进城，造成了养老得不到保障的问题。内蒙古牧区老年人口约占全区老年人口的 60%，远多于城镇老年人口，牧区养老压力巨大。

草场流转制度和城乡二元制度从根本上制约着牧区城镇化的发展。对于牧区来说，在刚开始实施草原家庭联产承包责任制时，大家的人力和物质资本都相差不大，但随着经济社会的发展，牧户之间出现了差距。草场面积小、牲畜数量少的牧户抵御风险的能力大大降低。尤其在大旱年份，牧民的经济来源大大减少，所以牧户开始转让自己的草原经营权，投身于非牧业的生产活动中。一方面牧户可以通过草原租赁获得一部分租金，另一方面大的牧户还可以扩大经营领域和养殖规模。草原租赁还可以释放牧区的劳动力资源，使其进城从事非牧业工作，推动城镇化发展。但在实施过程中，对于草原确权的明确规定少之又少，草场流转缺乏足够的法律保护与制度规定，使草场流转过程困难重重。牧户只能获得部分草场流转权，无法融入城市生活，阻碍了农牧区城镇化发展。城乡二元体制同样是影响牧区城镇化的重要因素。严格的户籍制度是城乡之间差距得以形成和保持的重要制度保障，是诸多社会问题的制度性根源。改革开放后，虽然各地户籍制度有所改变，但是以其为基础的城乡分割体制并没有得到根本性改变。牧民在城镇无法享受到平等的就业机会，在收入消费方面与城市居民的差距不断拉大。除此之外，牧民在教育、医疗、社会保障方面也得不到与城镇居民同等的待遇，极大地影响了城乡之间的和谐，新型城镇化所要求的“质的提高”并没有实现。

三、牧区城镇化发展模式

对于民族地区中的牧区而言，其发展模式包括以下五种，即中心城镇带动型、牧业型、半农半牧型、生态型和边境型统筹发展模式。经过仔细对比研究后可以发现，牧区与民族地区发展模式的内涵和外延基本上都可以一一对应，只有边境型统筹发展模式中巩固国防的内涵是民族地区新型城镇化发展模式中没有涉及的。

中心城镇带动型统筹发展模式的动因是依托中心城镇工业的快速发展，努力吸引牧区剩余人口进城务工。抓住城镇人均收入水平快速提升带来的休闲消费需求机遇，积极引导中心城镇周边牧区休闲牧业的发展，努力提升中心城镇的综合配套服务水平，强化牧区的公共服务能力。

牧业型统筹发展模式适用于那种受到自然和人为因素双重影响，生态环境相对脆弱的地区。该类地区应改变以往传统落后的畜牧业生产方式，引导畜牧业走规模化、设施化和精细化的现代牧业发展路子，大力发展特色牧业以及草原生态旅游等特色产业。

半农半牧型统筹发展模式适用于农牧草场出现沙化和土壤退化现象，农业发展特色化、规模化现象突出，农牧民生产生活方式转变的地区。该模式下，应积极围绕小城镇建设，发展文化旅游等产业。

生态型统筹发展模式适用于生态环境比较脆弱的地区。由于生态环境保护和改善居民生活条件的内在需要，迫切需要这些地区坚持生态优先原则，实施生态移民战略，加大生态敏感区的生态保育，促进人与自然和谐发展。在保护生态环境的基础上，因地制宜地发展生态旅游业。

边境型统筹发展模式考虑到草原边境地区有巩固国防的战略需求，坚决杜绝在边境地区撤村，并鼓励牧民在边境地区游牧。政府加大对边境地区的转移支付力度，满足边境地区国防及牧民生活的切实需要。在该模式的引导下，边境畜牧业应实施分散化发展。但在扩大牧业在边境地区的覆盖范围、巩固国防的同时，也要高度重视对游牧民基本服务的提供及补给，坚定保障边境牧民的生活水平。

第四节　新型城镇化制约因素分析

一、全国新型城镇化制约因素分析

（一）社会保障体系不完善

目前，我国最低生活保障制度建设中存在四个问题，也正是这四个问题，导致了我国的社会保障不仅无法成为新型城镇化进程中的推动力量，反而制约着其发展。

一是认识上的误区。首先是德政工程论。基层政府工作人员对“低保”工作的法制性认识不足，认为“低保”工作是党和政府的一项德政工程，可有可无、可多可少。其次是经济决定论。有不少地方政府认为，

"低保"工作固然重要，但地方经济发展落后，财政资金不足，爱莫能助。最后是城市优先论。有些干部认为，同是社会弱势群体，农村低收入居民与城市低收入居民相比，起码还有赖以生存的土地。所以，城市"低保"工作比农村"低保"工作更加迫切、更加重要，从而只重视城市"低保"工作，而忽视农村"低保"工作。

二是"低保"对象界定标准上存在问题。首先，由于农村居民收入中牲畜等实物收入占相当大的比重，因此在估算其收入时有较大的随意性，导致收入难以货币化。其次，由于农民收入受自然灾害的影响，起伏较大，外出务工人员的收入也不稳定，故很难有效地统计出农村居民的真实收入。

三是"低保"资金难以落实到位。从主观层面上来说，部分基层政府部门对农村"低保"工作的重要性认识不足，造成资金的挤占、挪用和缺失现象屡见不鲜。从客观层面来上说，"低保"资金来源单一，完全依赖财政投入。多数地区的财政收支状况尚属于"吃饭财政"，解决城市"低保"工作已经勉为其难，难以弥补面更广、量更大的农村"低保"资金缺口。

四是管理体制难以适应形势的变迁。在户籍制度放开、人口流动频繁的新形势下，全国乡村"低保"工作的管理难度进一步加大。

（二）产业支撑能力弱

从整体而言，我国新型城镇化的发展速度比较快，但是，要想实现稳步健康地发展，离不开强有力的产业支撑。然而，当前我国城镇化发展中不可忽视的问题之一就是缺乏产业支撑。我国大部分的城镇发展仍以第一或第二产业为主，第三产业占比较低。在一些依赖自然资源发展的城市，这个问题就更为突出，资源型城市依靠单一的产业结构很难实现新型城镇化的高质量发展。

（三）户籍制度急需改革

我国现行的户籍制度是20世纪50年代在国家工业化进程曲折发展的情况下逐步建立和形成的。这一制度的功能特点主要表现为以下几点。

首先，它是根据中国工业化赶超战略的需要而建立起来的行政体制，是计划经济体制在社会生活领域的一个核心制度，起着让农村支撑城市、农业为工业化提供积累的功能。其次，它的建立深刻地反映了工业化进程受制于城乡二元结构的深层次矛盾，是在短缺经济情况下的制度安排。它在户籍人口管理职能上附加了许多利益分配的功能，其结果是又固化和加重了城乡二元社会结构。最后，它用行政手段把全体公民划分为城市人和农村人，城镇居民享有福利待遇和劳动就业机会，而农民则被束缚在土地上，形成了两种不同的身份等级制度。中国的城镇化与工业化过程被人为割裂，城市功能萎缩，不断向农村、向土地转移人口压力。

现行的户籍制度虽然在历史上支持了中国工业化的起步，但付出的社会成本极大，既有失公平，也损害了效益。它抑制了城市的人口膨胀，也压制了社会发展的活力，使人口流动长期处于停滞状态，违背了现代化发展的一般规律和社会主义的平等原则，也制约着全国新型城镇化的发展进程。

二、民族地区新型城镇化制约因素分析

（一）产业结构不合理

民族地区的产业结构与其他地区相比，一直以不先进的牧业为主，导致在畜牧业之外很少有其他就业就会，牧民生计与草场可持续发展之间的矛盾冲突显现，反过来使民族地区新型城镇化进程缓慢。在民族地区新型城镇化建设过程中又出现了产业结构不合理的问题，即形成了“二三一”的产业结构。这种产业结构布局仍然阻碍了民族地区新型城镇化的进程。

民族地区产业结构单一且不合理的现象与民族地区的城镇化发展形成了恶性循环，无法起到良性的互动作用。而政府在推进产业结构优化调整的过程中，又受到民族地区人力资本存量过低的现实条件的阻碍。所以，民族地区产业结构不合理是民族地区新型城镇化发展缓慢的原因之一。

（二）公共服务半径大

民族地区人口稀少且居住分散，公共服务半径大、难度高，城镇化建设难度也大。政府的一些惠民举措和服务项目很难及时传送到民族地区，常规的公共服务提供方式很难让民族地区居民享受到城镇化的便利与好

处。特殊的社会环境为城镇化增加了难度，也提高了民族地区新型城镇化的成本。

（三）土地制度不健全

首先，民族地区中的牧区在城镇化进程中，为扩建城镇或者新建城镇，往往因为宅基地制度缺乏土地指标。宅基地是农村的农户或个人用作住宅基地而占有、利用本属于集体所有的土地。包括建了房屋、建过房屋或者决定用于建造房屋的土地，建过房屋但已无上盖物或不能居住的土地以及准备建房用的规划地三种类型。在全国城镇化过程中，可以将宅基地与新建城镇的工业建设用地或城市建设用地置换，既不突破耕地面积总量的红线，也可将宅基地转为工业建设用地或城市建设用地。但这种“置换”的方式在民族地区的牧区是不适用的，因为牧场是承包给牧民的，牧区也没有宅基地之类的概念，相应地也没有宅基地制度，制约着民族地区新型城镇化的进程。

其次，民族地区中的牧区的土地使用方式也制约着民族地区新型城镇化的进程。在全国农区规模化发展的驱动下，农地的出租、流转、入股等经营方式已经逐步成熟，农民即使不种地也可以有收入。而牧区由于牧户平均拥有草场面积大、草原生态承载能力弱，草场流转的风险较大，草场流转制度还在探索阶段，制约着民族地区新型城镇化的进程。

（四）人口结构不健全

首先，民族地区人口居住分散，剩余劳动力的数量相比其他汉族地区较少，限制了非农业化转化过程。民族地区往往地多人少，剩余劳动力相对较少，加上民族地区本身区位条件较差、交通不发达，很难发展乡镇企业来带动城镇化进程。

其次，民族地区人力资本的区域分化比较明显，对民族地区农村发展起不到带动作用。在民族地区，大部分外出上学的农牧民的子女，一旦受到了高层次的教育，就会向往大城市的工作和生活，漠视自己民族传统的经济文化生活。

最后，民族地区人力资本存量低，限制了农牧民自身的发展和融入城镇化。一个地区人力资本的存量，主要体现在该地区的教育水平上。民族地区之所以贫困，就是因为人力资本的匮乏。这也说明，如果民族地区的教育水平提高，就会赋予该地区农牧民更加平等的择业和就业机会，农牧民在生产中就能更容易地把握市场信息，劳动力流动的可能性就会更大，这样就会促进整个民族地区的人文发展，民族地区新型城镇化的进程也会自然而然地加快。

（五）生活习惯特殊

民族地区主要是少数民族聚居区，少数民族有着自己独特的风俗习惯，这也会制约传统意义上的民族地区新型城镇化的进程。以内蒙古自治区的主体民族蒙古族为例。蒙古族牧民崇拜火、火神和灶神，认为火、火神或灶神是驱妖避邪的圣洁物，所以进入蒙古包后，不许在火炉上烤脚，更不许在火炉旁烤湿靴子和鞋子，不得跨越炉灶或脚蹬炉灶，不得在炉灶上磕烟袋、摔东西、扔脏物，不能用刀子挑火、将刀子插入火中，或用刀子从锅中取肉。总之，一切践踏火的行为都不允许出现在他们面前。而城镇中充斥着蒙古族人民认为的“践踏火”的行为，这无疑影响了蒙古族城镇化的进程。此外，蒙古族牧民认为水是纯洁的神灵。草原干旱缺水，逐水草放牧，无水则无法生存。所以蒙古族人民视水为生命之源，习惯节约用水，注意保持水的清洁。但城镇中随处可见躺在垃圾箱中的水瓶、还在流水的水龙头……这些都会降低蒙古族人民进城的意愿，无疑会使民族地区新型城镇化进程减缓。

第五节　乡村振兴视域下我国新型城镇化对策及展望

一、乡村振兴视域下我国新型城镇化对策

（一）打破户籍制度壁垒

放宽户籍限制要双管齐下，一方面要循序渐进地放松户口限制；另一方面要逐步剥离与户口挂钩的公共服务，建立以常住人口为服务口径的公

共服务供给体系。

（二）保证移民和劳动力转移相结合

全国城镇化发展的必然趋势就是农村的劳动力从第一产业向第二、三产业转移，农牧民从农田、牧场走出来，到城镇中生活。进行生态移民，不仅能够保护农牧区的生态环境，还有利于推进新型城镇化的进程。因此，首先，应该坚决维护农民的应有权利，保证到城镇务工的农民劳动力不会受到限制性就业政策的制约，在真正意义上实现农民和城镇居民拥有公平的社会地位、平等的就业机会，坚决消除排斥外来打工者的现象，为农民解决迁入城市后找不到工作的后顾之忧。其次，应加快社会保障制度的改革，给一部分从农村迁移出来，已经在城镇拥有稳定住所和工作岗位的农民与城镇居民同样的社会保障，为他们缴纳养老保险、医疗保险等，保证今后移居到城镇的农民享有跟城镇居民同等的待遇。

二、乡村振兴视域下我国新型城镇化展望

在新型城镇化建设中，实现农村发展应注重治理方式的合理规划，依据乡村振兴战略的实际要求，在激发乡村活力、发展乡村特色产业之际，结合乡村本土环境合理规划，使乡村走上善治的文明之路。只有以科学手段推进乡村现代化治理，以文明乡风共创乡村和谐之风，才能为更好地实现乡村振兴凝心聚力，推进乡村现代化城镇建设之路。“产业兴旺、生态宜居、乡风文明、治理有效、生活富裕”是习近平总书记对乡村振兴战略提出的总体要求。在中国共产党坚定的领导下，几十年后的乡村会焕然一新，新型城镇化也会在乡村振兴过程中高质量地实现。

（一）发展乡村特色产业

未来的每个乡村都会有自己独特的支撑产业，或旅游或生态产品或新的综合业态。农村的环境质量会在高质量发展的战略下进一步提升。所谓“绿水青山就是金山银山”，全国各地农村因地制宜，利用自身环境优势与其他特有优势高质量发展经济。

从理论上讲，一个国家存在两种农业，一种是政府的农业，另一种是

农民的农业。前者追求的是一个国家的农业安全，本质上体现为公共产品。政府对农产品的要求是数量充足、价格低廉、质量安全，因为粮食安全是以一个国家内部任何人在任何时候都能买得起，也买得到足够的农产品为标志的。后者是除了政府对农业的支持和保护外，以农民为主体组织起来的农业以及特色农业。

首先，特色农业主要表现为地域特色，是指其他地区不能生产或产品品质得不到保障或成本过高，使得该农业类型在特殊区域保持着独特优势。因此，发展特色农业要突出以下三个特色：第一，突出环境特色。绿水青山可以通过发展有机、绿色农产品实现向金山银山的转变。一些地区自然环境优越，污染较轻或无污染，具有发展有机、绿色农产品的天然环境条件。第二，突出物种资源特色。特殊的地理环境形成了丰富的珍、野、稀、名、特物种资源，是发展特色农业的宝库。这些资源具有不可复制性、不可替代性，是特色农业的重要基础，很多地理标志产品就是以特殊物种资源为条件的。第三，突出气候特色。特殊的气候特色不仅造就了特色物种，也形成了特色产业类型。比如河谷热、坝区暖、山区凉、高山寒的立体气候，形成了多样化的地方土特农产品优势。利用气候特色不仅可以生产特色农产品，还可以通过气候差、季节差获得市场空间。

其次，特色农业还表现为文化特色。特色文化融入特色农业形成了独特的农业特色产品，如桑蚕文化、茶文化、酒文化、面食文化、桃文化、梨文化等。此外，还有耕作制度和农业景观文化，如稻鱼共作生态文化、循环农业文化、旱作文化、水田文化、梯田文化等都可以成为特色产业的重要内容。在民族地区，特色农业还表现为民族文化，如民族纺织、印染、特色手工艺等。这些特色产业具有极强的地方性或民族性，不是任何地方都可以复制的，因此具有了不可替代的特色。

（二）实现产业融合

产业融合的目的在于把融合产业获得的综合利润留给农民，让农民增收，而不是排斥农民。因此，要考虑产业融合的主体。农户、家庭农场、合作社是产业融合真正的主体，产业融合必须限定在农村内部，体现在农民主体之间。另外，还要考虑融合什么。要满足消费者多层次需要，乡村产业必须向融合产业发展。农业的多功能性恰巧可以满足人们不同层次的物质精神需要。

就乡村产业融合路径而言，主要有两种途径可以选择。

第一，农业产业链的延伸。农业产业链条可以涵盖农业生产的产前、产中、产后的各个环节，从农业产前的农资生产与技术开发到农业生产过程中的社会化服务，再到产后的农产品储藏、深加工、运输、销售等环节。按照经济学的理论，产业链延伸可以实现农业的增值增效。实际上，农业产业链的延伸长度不是看加工环节有多少，而是看能否有效满足最终消费者需要。农家乐之所以受欢迎，就在于它有着有效的产业链延伸模式——从地头延伸到了餐桌。除了传统的生产、加工、销售这一农业产业链延伸维度，还可以利用农业收获物发展乡村手工业，如编织、刺绣、纺织、印染、雕刻等。手工业是乡村经济的重要方面，也是产业融合的重要内容，具有变废为宝、循环利用的价值。

第二，农业与乡村功能的扩展。农民收入长期在低水平徘徊难以有效提高，一个重要原因是农民只能获得有限的农产品收入，而不能获得农业多功能和乡村价值的综合收入。农业除了具有提供农产品的价值外，还有涵养水源、提供农业景观、休闲与体验等功能。乡村作为相对城镇的一元，其价值被越来越多的人所认识，不仅具有生活价值，还具有社会和文化传承价值，是适合养生、养老、养心的理想空间。农业和乡村特殊功能的发现和利用，为休闲、度假、教育等新型融合产业业态发展提供了空间。特别是近年“文旅农”的融合，成为乡村居民增收的有效途径。最近，人们提出了庄园经济的概念，成为一个新的农业产业融合的方向。需要注意的是，庄园经济的目的是增加农民的收入，培养农民综合利用农业资源的素质和能力，进而激发农民从事农业生产的积极性，产业融合的主体应该是农民。

（三）缩小城乡公共资源与软实力差距

新型城镇化与传统城镇化的最大不同，在于新型城镇化是以人为核心的城镇化，注重保护农民的利益，与农业现代化相辅相成。新型城镇化不再是简单的城市人口比例增加和规模扩张，而是强调在产业支撑、人居环境、社会保障、生活方式等方面实现由“乡”到“城”的转变，实现城乡统筹和可持续发展，最终实现人的无差别发展。因此，乡村振兴视域下的新型城镇化会进一步利用优质环境与政策缩小城乡之间在教育、娱乐等公共资源与软实力方面的差距，实现真正意义上的新型城镇化。

综上所述，乡村振兴视域下新型城镇化的总体趋势是随着农村居民进城，大城市的规模会越来越大，乡村人口会不断减少。人口大量聚集于以省会及其他经济中心为代表的大都市圈，而各区域的农村会进行整合，剩余农村居民会聚集于有发展潜力、有特色产业支撑的优质乡村。可以想象，在不可逆转的城市化进程中，城乡人口比例会达到一个动态平衡，而这种动态平衡的维持需要城市居民向乡村的逆向人口迁移。这就需要制度安排进行适应性调整，允许农村土地使用权的流转与交易，或者允许城市居民在城市和乡村都有居住场所。

第四章　内蒙古新型城镇化

当前，内蒙古自治区城镇化正处于快速发展的重要时期和转型发展的关键阶段。在国家加速推进新型城镇化的背景下，内蒙古自治区如何结合其实际发展状况和少数民族特性，探索出具有内蒙古特色的新型城镇化道路是亟待解决的问题。2020 年，内蒙古自治区拥有 2404.9 万常住人口，城镇人口占比 67.48%，高出全国同期城镇化率（63.9%）3.58 个百分点，在西部各省区市中居首位。

但是，传统的城镇化模式带来的问题也逐渐凸显出来。像呼和浩特、包头等大型城市聚集了过量的人口，造成诸多城市问题，比如生活拥挤、车辆堵塞、环境压力过大、城市住房成本高，城市居民生活成本高、生活质量变低。中小城镇经济发展乏力，缺少龙头企业，很难吸引流动人口向中小城镇转移。

城镇化过程中，城镇虽然集聚了大量的人口，但是城镇的功能和社会保障却显示出了不健全的状态。内蒙古自治区地域面积广阔，民族关系也较为复杂，不同区域在经济、民俗、文化等方面存在着较大的差异。倘若对内蒙古各地区的差异性缺乏全面的了解和深刻的认识，对各区域实施统一、同步的城镇化政策与措施，难免会造成低效率的“同质化”城镇化现象。未来中国推行城镇化的过程中，速度并不是唯一的衡量标准，在推进城镇化的过程中如何保持城镇化的质量和解决城镇化过程中遗留下来的社会问题是需要面对和探讨的问题。只有持续不断地创新发展，才能在“质”与“量”两方面共同推进内蒙古新型城镇化进程。

第一节 内蒙古产业经济发展的基础条件

1947 年 5 月 1 日，中国第一个省级民族自治区——内蒙古自治区正式成立。它是在蒙古族少数民族同胞聚居的基础上发展起来的。内蒙古自治区占地面积在全国排第三位，占国土面积的 12.3%。截至 2020 年年底，全区常住人口为 2404.9 万，共有 55 个民族，以蒙古族为主体，汉族占多数。

一、内蒙古资源概况

（一）行政概况

内蒙古自治区东起额尔古纳市，向西延伸至阿拉善盟。鸟瞰全境呈狭长带状，东西直线距离 2400 多公里，南北跨距 1700 多公里。内蒙古自治区地处中国的最北边。北与蒙古国、俄罗斯联邦的国境线长达 4200 公里，其上有 18 个边境口岸。其他三面均与我国内陆省份毗邻。内蒙古自治区行政区划现设呼和浩特、包头等 9 个地级市，兴安、阿拉善、锡林郭勒 3 个盟。盟（市）辖 11 个县级市、17 个县、23 个市辖区、49 个旗、3 个少数民族自治旗。

（二）经济地理和动植物资源概况

内蒙古自治区地势形态以高原为主，区内内蒙古高原是全国第二大高原，两大山脉（东部的大兴安岭山脉和西部的阴山山脉）贯穿内蒙古全境，构成内蒙古地形的脊梁。内蒙古自治区这种特殊的地势形态对我国经济发展具有重大的作用。大兴安岭山地位于内蒙古自治区的东北部，拥有北方地区最大的针叶林区，充当了整个松辽平原的生态屏障。位于自治区北部的是中国最大的草原区——内蒙古高原，是中国北方生态环境的重要依托。位于自治区西部的阿拉善高原是中国西北大漠的东部边界，阿拉善区域内部的各种绿洲及绿色植被是中国西北地区的天然屏障。大小不一的河流及湖泊遍布内蒙古自治区境内。内蒙古自治区是大陆性气候，距离海洋较远，冬季容易受到蒙古寒冷气流影响，温度基本保持在零摄氏度以下。区内海拔较高，天气以晴天为主，故日照时间长，紫外线较强。农业区、牧业区、半农半牧区三种经济类型区中均有居民从事农业生产。区内天然牧场面积很大，占我国总草原面积的27.2%。呼伦贝尔、科尔沁等草原都是远近驰名的天然牧场。内蒙古自治区生物资源种类多、数量大，主要物种为绵羊、山羊、牛、马、骆驼等，是中国骆驼主要产区。同时，内蒙古自治区也是一个森林资源丰富的大省，全区森林面积约1665万公顷，占全区土地面积的14.1%，居全国第一位。林业总蓄积量为9.7亿立方米，居全国第五位。

（三）矿产资源概况

1. 矿产资源丰富

内蒙古自治区地下矿藏储藏量巨大。截至2008年，已发现的各类矿种有141种（统计到的亚种为158种），发现矿产地达4500余处，具体探明储量的矿种为83种（统计到的亚矿种为97种）。除了石油、天然气和铀矿由国家统一管理外，列入《内蒙古自治区矿产资源储量表》的矿种达80种（统计到的亚矿种为94种），占全国查明资源储量矿种的57.86%。目前开发的矿产地共有1582处，其中大、中型矿产地550处，占矿产地的34.77%。其中有70种矿储量居全国前10位，占查明资源储量矿产（97种）的72.16%。其中居前三位的有28种。10种居全国首位，其中除了银矿保有储量占全国的15.49%外，其他9种矿产资源储量均占全国的25%以上，特别是煤炭储量占全国已探明储量的26.28%。

2005—2010年，中国在内蒙古自治区开采了4个露天煤矿，开采量占露天煤矿总量的4/5。内蒙古自治区石油、天然气的蕴藏量也非常可观。石油资源总量占全国储量的2.68%，世界级大油气田——陕甘宁油气田的主体就在内蒙古自治区境内。内蒙古自治区稀土资源丰富，到目前为止已经探明的矿藏储量占全国的90%以上。黑色金属、有色金属、建材原料和其他非金属等矿产资源在全国占有重要地位。截至2011年，查明铁矿产地318处，共生铁矿9处，累计查明储量37.78亿吨，保有储量33.40亿吨，查明储量占全国的5.37%，居全国第七位。有色金属矿产地195处，其中大型矿产地45处，非金属矿产30多处。大理石、花岗岩和石棉等天然优质建材原料的储量也十分丰富。内蒙古自治区主要的煤炭基地有呼伦贝尔、鄂尔多斯、锡林郭勒，煤炭储备量约1.2万亿吨，全国排名第二，占全国总储量的25%左右，已探明储量7400亿吨，居全国第一位。已探明天然气储量8600亿立方米，石油资源总量30亿吨左右。

能源矿产是内蒙古自治区主要的优势矿产，石油、天然气为潜在的优势资源；黑色金属矿产中铁矿类型较多，分布广泛，具有一定的找矿潜力；稀土和稀有金属矿产得天独厚，为内蒙古自治区特色资源和优势矿种，稀土资源可开采量位居世界第一；有色金属和贵金属成矿条件良好，资源丰富，找矿潜力巨大。大兴安岭成矿带和得尔布干有色金属成矿带出矿量巨大，已查明10种有色金属矿产资源储量2539万吨，其中铜矿储量全国排名第四、铅矿储量全国排名第二、锌矿储量全国排名第二、钨矿储量全国排名第十、钼矿储量全国排名第六。

内蒙古拥有丰富的电力资源，截至2019年，内蒙古电力装机总量7214.8万千瓦，其中水电196万千瓦、火电4075.2万千瓦、风电1843.8万千瓦、光伏724万千瓦、地调容量309.2万千瓦，新能源装机容量占总装机容量的36%。内蒙古电力总装机量和风电总装机量均居全国第一。

2. 非油气矿山企业经济效益

“十三五”期间，内蒙古自治区矿山企业和非油气企业发展较快（见表4-1），大大促进了一些大中型城市的发展。

表4-1　2011年各类非油气矿山企业经济效益统计表

矿产	矿山企业个数/个	年产矿量/万吨	工业总产值/万元	矿产品销售收入/万元	利润总额/万元
非油气能源矿产	648	40478	8089605	6036325	1603335
黑色金属矿产	198	4012	181586	900422	129955
有色金属矿产	134	1072	690296	594959	220023
贵金属矿产	145	853	351435	275116	39029
冶金辅料非金属	386	637	767884	613788	79522

续表

矿产	矿山企业个数/个	年产矿量/万吨	工业总产值/万元	矿产品销售收入/万元	利润总额/万元
化工原料非金属	182	648	167667	153099	21800
建材及其他非金属	2388	3184	212156	173282	28062
水气矿产	21	77	2086	1312	344
全区合计	4102	50962	10670120	8207618	2044973

资料来源：内蒙古自治区《经济资源》编辑委员会. 内蒙古经济资源［Z］, 2012.

3. 水利风能

内蒙古自治区内拥有70多条面积在1000平方公里以上的河流，水能、渔业、光能、风能、旅游等资源也极为丰富，是促进经济发展的重要依托。内蒙古自治区风能资源总储量为10.18亿千瓦，技术开发量为2.73亿千瓦，约占全国风能资源储量的1/3。全区风能资源极丰富区和丰富区面积约为17.5万平方公里，约占全区面积的16%。

4. 旅游资源

内蒙古旅游资源数量丰富，全区有可开发的旅游景点近1000处，300多处具有旅游接待能力。现有国家自然保护区23处，其中2处为国际人与生物圈保护区网成员单位；国家级风景名胜区1处；国家级森林公园43处；国家级地质公园3处；世界级地质公园2处；全国重点文物保护单位34处。内蒙古旅游资源不仅数量多，而且类型多，主要有草原、森林、沙漠、冰雪、地质奇观、河流湖泊、温泉、民族文化、历史遗迹和边境口岸等十大类旅游资源。

二、内蒙古产业发展

（一）内蒙古产业结构发展状况

“十三五”之后，内蒙古着力于经济结构调整，经济得以迅速发展，产业结构、城乡结构、收入结构等不断升级。截至2019年年末，实现地区生产总值17212.5亿元，第一产业增加值1863.2亿元，增长2.4%；第二产业增加值6818.9亿元，增长5.7%；第三产业增加值8530.5亿元，增长

5.4%（见表4－2）。

表4－2　内蒙古2000—2019年地区生产总值

年份	地区生产总值/亿元	第一产业/亿元	第二产业			第三产业/亿元
			总值/亿元	工业增速/%	建筑业/亿元	
2000	1539.1	350.8	582.6	12	98.4	605.7
2001	1713.8	358.9	655.7	11.1	114.7	699.2
2002	1940.9	374.7	754.8	14	139.9	811.5
2003	2388.4	420.1	967.5	25	194	1000.8
2004	3041.1	522.8	1248.3	29.7	232.9	1270
2005	3905	589.6	1773.2	30.7	295.3	1542.3
2006	4944.2	634.9	2375	32.1	349.2	1934.3
2007	6423.2	762.1	3193.7	27.8	411.9	2467.4
2008	8496.2	908	4376.2	23.1	496.8	3212.1
2009	9740.3	929.6	5114	20.6	610.7	3696.7
2010	11672	1095.28	6367.7	18.8	749.3	4209
2011	14359.9	1306.3	8037.7	19	936.1	5015.9
2012	15580.6	1448.6	8801.5	14.8	1065.7	5630.5
2013	16916.5	1599.41	9084.2	12	1161.8	6148.8
2014	17770.2	1627.9	9119.8	10	1217.6	7022.6
2015	17831.5	1617.4	9000.6	8.6	1263.2	7213.5
2016	18632.6	1637.4	8553.6	7.2	1322.5	7937.1
2017	16103.2	1649.77	6399.7	3.1	1291.45	8046.8
2018	17289.2	1753.8	6807.3	7.1	1147	8728.1
2019	17212.5	1863.2	6818.9	5.7	1304.5	8530.5

注：本表按当年价格计算，从2004年开始第一产业为农业、林业、牧业、渔业及农林牧渔服务业。

数据来源：内蒙古自治区2005—2020年统计年鉴。

“十一五”至“十三五”，第一产业增长缓慢；第二产业中的工业增长速度放缓，由2006年的32.1%到2010年的18.8%再到2019年的5.7%，建筑业产值由2005年的295.3亿元增长到2008年的496.8亿元再增长到2015年的1263.2亿元；第三产业在“十一五”期间增长放缓，“十三五”期间增速逐步回升。

(二)“十三五”以来内蒙古工业发展

“十三五”以来，内蒙古自治区把握时机，大力促进传统资源型产业（如原煤和电力产业）快速发展，并取得良好成绩，为促进内蒙古自治区经济发展提供了强大的动力。

1. 工业经济的快速增长带动了内蒙古经济增长

“十一五”以来，内蒙古工业总产值与企业利润有了长足的进步。其中，工业总产值由2008年的8577亿元，增长到2018年的12756亿元，10年间增长了4179亿元（见表4－3）。

表4－3 内蒙古规模以上工业总产值增长及构成变化 单位：亿元

行业	年份	工业总产值	工业企业利润
工业	2008	8577	988
	2018	12756	1409
制造业	2008	5522	257
	2018	7475	497
农副产品加工业	2008	548	5.6
	2018	351	8.7
黑色金属冶炼及压延业	2008	1283	37
	2018	1496	114
有色金属冶炼及压延业	2008	808	47
	2018	1448	21

数据来源：《内蒙古统计年鉴2009》《内蒙古统计年鉴2019》。

2. 采矿业成为规模以上工业的主导产业

截至2019年，采矿业、制造业依然是内蒙古自治区的主导产业，全年规模以上工业增加值比上年增长6.1%，采矿业增加值增长3.8%，制造业增长8.7%，电力、热力、燃气及水生产和供应业增长5.2%，其中制造业对规模以上工业增长的贡献率过半，达51.9%。主要支柱产业稳定增长。

进入21世纪，采矿业成为内蒙古自治区的支柱产业，总产值由2000年的105.18亿元，增加到2018年的2873.00亿元，占规模工业的比重由14.04%增长到22.50%。采矿业的利润由2000年的1.60亿元，增加到

2018 年的 699.00 亿元，占工业利润的比重由 9.94% 增长到 49.60%（见表 4－4）。

表 4－4 内蒙古规模以上工业企业发展概况

行业	年份	工业总产值/亿元	占规模工业以上比重/%	工业企业利润/亿元	占工业利润的比重/%
工业	2000	748.97	100.00	16.10	100.00
	2006	4140.10	100.00	348.70	100.00
	2018	12755.90	100.00	1409.00	100.00
采矿业	2000	105.18	14.04	1.60	9.94
	2006	779.00	18.82	157.80	45.25
	2018	2873.00	22.50	699.00	49.60
制造业	2000	642.87	85.81	14.46	89.81
	2006	2776.00	67.05	132.80	38.08
	2018	7475.00	58.60	497.00	35.20
电力、燃气及水的生产和供应业	2000	0.92	0.12	0.04	0.23
	2006	605.20	14.62	58.10	16.66
	2018	2408	18.90	214	15.20

数据来源：《内蒙古统计年鉴 2001》《内蒙古统计年鉴 2007》《内蒙古统计年鉴 2019》。

总的来看，2019 年全区经济呈现总体平稳的发展态势，高质量发展逐步显现，需求侧升级态势明显，供给侧结构性改革持续深化，民生福祉不断增进，全面建成小康社会扎实推进。同时也要看到，国内外环境仍然复杂严峻，发展的不确定性因素较多，经济下行压力依然较大。

第二节 内蒙古城镇化发展历程与现状

在国家各项政策的支持下，内蒙古自治区依托区内的经济、社会、自然环境，逐步发展形成了其城镇化的特色。要全面了解内蒙古自治区城镇化建设情况，分析其可持续发展的路径，首先要了解其特有的城镇化发展进程，掌握城镇化发展不同时期的阶段性特点。本书参考内蒙古自治区建区历史和历年的城镇化率变化情况，结合国家、内蒙古自治区不同时间的不同政治、经济特点，将内蒙古自治区城镇化的发展历程划分为五个阶段：

一、城镇化的起步阶段（1947—1960 年）

内蒙古自治区于 1947 年解放，中华人民共和国成立后即宣告成立内蒙古自治区，是我国最早成立的自治区。内蒙古自治区的城镇化建设可以说是随着内蒙古自治区的解放而正式开始的。受内蒙古自治区最早“蒙绥分治”现象的影响，解放初期的内蒙古自治区最早仅有海拉尔等 4 个县级市。归绥（呼和浩特）和包头并不属于内蒙古自治区，而是归绥远省管辖。直到 1954 年，中央决定撤销原绥远省、热河省以及察哈尔省的建制，将原属于三省的局部区域分给内蒙古自治区管辖，才形成了内蒙古自治区城镇化最早期的基础框架。

在 1947 年至 1960 年这一阶段，内蒙古的城镇化发展有了较好的起步，也有学者称其为“工业化发展初期的城镇化阶段”。在这一阶段，内蒙古自治区社会经济稳定发展，社会事业等各方面较为协调，城镇化建设也处于平稳上升阶段。这一阶段的城镇化发展归功于国家“一五”计划的实施。计划强调要推行优先发展重工业的工业化道路，大规模的工业化建设开始在内蒙古自治区展开，一大批国家级重点工业项目开工，同时城镇化工程也逐步启动实施。

在“一五”建设期间，有大批支援工业建设的外来人口进驻内蒙古自治区，并在此长久生活，是当时内蒙古自治区城镇人口增长的重要原因。这些人一般集中在呼和浩特、包头一类大城市中。以包钢闻名国内的包头，自赵武灵王于武灵王二十年（公元前 306 年）筑九原城起，就成为内蒙古自治区境内的最主要城市，至 1900 年前后，包头已经成为当时中国西北地区非常著名的水旱码头和皮毛集散地。在中华人民共和国成立初期，包头响应国家号召重点发展冶金、机械等重工业，以及一些轻工业，成为内蒙古自治区最大的也是最典型的工商业城市，这种发展模式同时促进了包头的城镇化进程。到了 1957 年，包头常住人口由 14 万人发展到了 50 万人，城镇类型由边贸集散型城市发展为新兴工业化城市，完成转型。而内蒙古自治区内的其他城市，如集宁市、牙克石市在这一阶段也抓住机遇，努力推动经济前进，并取得了可喜的成效，发展成了独具特色的口岸城市。在这个发展阶段，内蒙古自治区的城镇化率增长了6.5个百分点，增长到18.7%，年均增长率为0.65%，相较全国城镇化率年平均增长0.53%的水平，内蒙古自治区的城镇化速度赶超了全国的平均速度。

至1959年，与全国城镇化率平均水平（28.41%）相比，内蒙古自治区的城镇化率已经高达30.81%。这时，我国重工业的增长幅度达到41%，而轻工业的增速却仅为14%，不符合健康的产业发展比例。同时，全国城镇人口比例由1957年的13.08%迅速增长至1960年的16.61%，年均增长1.2个百分点；与此相应，内蒙古自治区的城镇化率增长了7.8个百分点，增长到30%，年均增长2.7个百分点，远远高于全国的平均水平，标志着内蒙古自治区城镇化建设在1960年时达到了首个高点，是城镇化的“大踏步”发展时期。

二、城镇化率骤降，城镇化的停滞阶段（1961—1978年）

继1960年内蒙古自治区城镇化建设创下高点后，该地区的城镇化建设在国家“大跃进”的整体环境中开始停滞，城镇化率骤降，也有学者认为这一阶段是典型的反城镇化发展时期。

全国范围的“大跃进”运动一度使成批外地居民涌进邻近城市。而在农业生产率没有提高的客观现实下，维持农牧民生活的农业生产受到了非常严重的打击，地区内粮食供应量不足，使得更多的农牧民进城。这些不断涌入城市的农牧民，造成了邻近城市的极度膨胀。当时的城市受基础设施条件差、各项社会保障政策欠缺的影响，没有办法全部吸纳这些人口，只能响应国家的号召，将部分城镇职工下放到农村去。1961年，国家进行大规模的经济调整，内蒙古自治区基础设施建设的专项财政资金下降达82.1%，内蒙古自治区采取遣返原籍和下放农牧区的办法，将大量城市居民迁出城市，导致城镇人口急剧缩减。至1964年，内蒙古自治区城镇人口较1960年共减少110.7万人，城镇化率为19.9%，比1960年（30.2%）下降了10.3个百分点，仅高出当时全国平均城镇化率1.5个百分点，城镇化水平大幅下降。

在随后的1965年至1978年漫长的14年内，内蒙古自治区受“文化大革命”的严重影响，经济建设停滞，城市工业发展受阻，农牧区商品经济衰落，城镇化建设亦停滞不前，呈畸形化发展态势。这段时间里，内蒙古自治区也曾采取一系列强制政策，要求知识青年开展上山、下乡运动，城镇人口持续减少。20世纪70年代，全国城镇化率下降到17%，内蒙古自治区城镇化率达到21%～22%。

这一阶段内蒙古自治区城镇化建设停滞不前的现象，还受到内蒙古自治区行政区划变革的影响。1969年，国家将呼伦贝尔盟、哲里木盟、昭乌达盟分别划归黑龙江省、吉林省和辽宁省，将阿拉善左旗、右旗和额济纳旗分别划归宁夏和甘肃两省区；1979年又将这几大盟、旗划归回内蒙古自治区。这一现象直接反映在城镇化率指标上，在一定程度上影响了内蒙古自治区的城镇化建设。

三、城镇化的复苏阶段（1979—2002年）

（一）中国特色城镇化建设起步期（1978—1984年）

自1978年实施改革开放以来，国家倡导改革开放政策，坚持对内搞活经济、城镇中心辐射带动周边发展的会议精神，这使得包括内蒙古自治区在内的各省份的城镇化建设进入新的发展阶段。家庭联产承包责任制，使农牧民可以长期拥有土地的使用权，从而使农村和牧区有了长足发展，为城镇化的发展提供了更加充分的前提条件；同时随着改革开放的进行，第二、三产业迅速发展，为城镇化的发展提供了物质基础，大量的空缺岗位也对农村剩余劳动力产生了极大的吸引力，乡镇企业迅速发展。为更好规范、推动城镇化发展，1978年全国城市规划工作会议上提出“控制大城市规模，多搞小城镇”，1980年全国城市规划工作会议提到“控制大城市规模，合理发展中等城市，积极发展小城镇”。党的十一届三中全会后，我国城镇化步伐大大加快，城镇化基本体系基本形成，1984年，以《中共中央关于1984年农村工作的通知》和《国务院关于农民进集镇落户的通知》

两个通知的下发为标志，小城镇发展问题第一次受到中央政策的肯定与支持，与乡镇企业发展相匹配的城镇化战略渐次走进人们的视野。此时全国的城镇化率也由1978年的17.92%增长到1984年的23.01%，年均增长0.85个百分点，恢复城镇化的任务基本完成。

1980年，内蒙古自治区改乌兰浩特盟为市，内蒙古自治区各级政府开始关注地区内城市建设问题，标志着内蒙古自治区城镇化建设的全面复苏。随着地区经济建设的推进，内蒙古自治区着重开发交通及当地资源，在呼伦贝尔、鄂尔多斯等四大草原以及大兴安岭地区建设一批新城镇，新增的城市有满洲里、海拉尔、赤峰、通辽、二连浩特、集宁6个县级市，加上原有的呼和浩特、乌海、包头3个地级市，这9个市构成了内蒙古自治区城镇化体系的初步框架。

（二）以小城镇发展带动城镇化的初期（1985—1992年）

在此阶段，乡镇企业异军突起，承接了农村转移出来的大批劳动力。小城镇成了乡镇企业的空间载体，全国各地的小城镇迅速兴起并快速发展。1989年《中华人民共和国城乡规划法》规定“国家实行严格控制大城市规模、合理发展中等城市和小城市的方针”；1992年再次放宽建制镇标准来推动小城镇的发展。

（三）以小城镇发展带动城镇化的推进期（1993—1999年）

1993年，经国务院同意，建设部等6个部委联合颁发了《关于加强小城镇建设的若干意见》，小城镇作为我国城镇化战略重点的地位开始确立；1995年4月，国家体改委、建设部、公安部等11个部委联合下发了《小城镇综合改革试点指导意见》，并在全国选择了57个镇作为综合改革试点。1997年6月10日，国务院批转了公安部《小城镇户籍管理制度改革试点方案》和《关于完善农村户籍管理制度意见的通知》。1998年10月，中共十五届三中全会通过的《中共中央关于农业和农村工作若干重大问题的决定》，提出“发展小城镇，是带动农村经济和社会发展的一个大战略”，进一步提升了发展小城镇的重要地位。

进入20世纪90年代后，内蒙古自治区在国家市场经济发展战略的推动下，相继出台了一系列加快城镇化建设、推进城镇化进程的决策，如，《内蒙古自治区国民经济与社会发展的第九个五年规划（1996—2002）》提出，积极培育乡镇企业和个体私营经济，提高人民生活水平。大量下乡青年返城就业，城市经济逐渐好转，城乡合作逐渐增多，城镇化水平得到快速提高。1990年内蒙古自治区城镇人口总量为779.4万人，城镇化率为36%，全区城镇272个，其中城市16个。20世纪90年代后期，随着国内工作种类不断增多，内蒙古自治区各大主要城市开始大量出现进城务工人员，他们逐渐变为建设大城市的重要力量。1999年，内蒙古自治区人民政府通过了《内蒙古自治区草场承包经营权流转办法》，有力地推动了牧区土地流转，使牧区土地流转更加规范化。同年，内蒙古自治区城镇人口达到967.8万人，城镇化率39%，城镇数量293个，其中城市20个。

（四）以小城镇发展带动城镇化的成熟期（2000—2002年）

2000年中共中央、国务院印发的《关于促进小城镇健康发展的若干意见》指出，加快城镇化发展的时机和条件已经成熟，适时引导小城镇健康发展，应当成为当前和今后较长时期农村发展与改革的一项重要任务。除此之外，《中共中央关于制定国民经济和社会发展第十个五年计划的建议》提到“在着重发展小城镇的同时，积极发展中小城市，完善区域性中心城市功能，发挥大城市的辐射带动作用”，推进了以小城镇为重点的城镇化步伐。2001年，国务院批转了公安部《关于推进小城镇户籍管理制度改革的意见》，并于“十五”计划纲要中把“实施城镇化战略”第一次列入了国民经济中长期发展计划，对城镇化发展方针与道路作出了新的表述：“有重点地发展小城镇，积极发展中小城市，完善区域性中心城市功能，发挥大城市的辐射带动作用，引导城镇密集区有序发展。”2002年，党的十六大报告明确提出要“全面繁荣农村经济，加快城镇化进程”，在城镇化过程中关注农村经济的发展，使中国的城镇化迈入一个新的发展阶段。

2000年，国家宣布实施西部大开发战略，这一战略的实施对内蒙古自治区城镇化建设进程乃至经济发展都是非常重要的。内蒙古自治区凭借其土地面积全国第三、资源优势及区位优势十分突出的特点，经济快速发展，经济规模不断扩大，增长速度曾连续8年位居全国第一，地区生产总值由全国第24位跃居第15位。

2001年2月24日，内蒙古自治区第九届人民代表大会第四次会议批准通过《内蒙古自治区国民经济与社会发展的第十个五年计划纲要》，强调推进农牧业结构调整，促进农牧区经济社会发展，大力发展高新技术产业，加快产业结构升级，促进生产技术创新；加快工业化、信息化、城镇化进程，促进产业结构优化，推动信息化发展，发挥其技术优势，促进城镇化，推动城乡经济协调发展，使工业化、信息化、城镇化协调发展、相互促进。

四、城镇化稳步快速发展阶段（2003—2012年）

（一）以农村经济发展推进城镇化进程

2005年11月12日，中国共产党内蒙古自治区第七届委员会第十一次会议通过了《内蒙古党委关于制定国民经济与社会发展第十一个五年规划的建议》，提出与国家发展规划相衔接、体现内蒙古特色、凝聚各族人民意志的经济社会发展目标、重点和措施，科学地指导自治区“十一五”时期国民经济和社会发展。将推进城镇化进程作为统筹城乡、区域、经济社会的发展，转变经济增长方式，逐步消除城乡二元结构，解决“三农”问题，构建和谐社会的着力点。全区城镇化继续抓好呼和浩特、包头重点建设城市，完善城市功能，增加城市容量，壮大支柱产业，在内蒙古自治区中继续发挥龙头作用；以盟市所在地为重点，完善城市功能，发挥资源集聚、扩散作用成为区域性发展中心；依托旗县所在地县镇的综合实力，发展潜力大的中心镇，使其成为农牧区第二、三产业的聚集地，成为承载农牧区剩余劳动力的重要载体。除此之外，加强城镇规划与管理，促进经济要素的合理流动、资源的合理配置，进一步完善了全自治区的城镇规划体系。

2006年的中央一号文件《中共中央 国务院关于推进社会主义新农村建设的若干意见》，正式提出新时期我国农村发展的方向是“社会主义新农村”。《中共中央关于制定国民经济和社会发展第十一个五年规划的建议》提出，要按照“生产发展、生活宽裕、乡风文明、村容整洁、管理民主”的要求，扎实推进社会主义新农村建设。农村城镇化的逐步推进，也提高了农村居民的收入与生活水平。2006 年，内蒙古通过了《内蒙古自治区草原管理条例实施细则》，明确规定了草场承包经营权可以依法流转，使草场畜牧业的规模化经营成为可能，也增大了牧民从业选择权，使牧区剩余劳动力得到解放，促进了牧区的劳动资源向城镇转移。

（二）提高城镇化质量和水平成为重要要求

2011 年，第十一届全国人民代表大会第四次会议上提出“‘十一五’期间，将积极稳妥推进城镇化，城镇化率从 47.5% 提高到 51.5%，完善城市化布局和形态，不断提升城镇化的质量和水平”。《国民经济和社会发展第十二个五年规划纲要（草案）》中提出“未来一段时间要打造‘两横三纵’的城市化战略格局，包括 21 个重大的区域规划”。2012 年的全国发展和改革工作会议提出，“扩大内需的最大潜力在城镇化，要抓紧研究制定中长期城镇化发展规划和政策措施”，稳步推进城镇化的发展。

2011 年 1 月 22 日，内蒙古自治区第十一届人民代表大会第四次会议通过了《内蒙古自治区国民经济和社会发展第十二个五年规划》，提出要优化布局，促进区域协调发展，加快建设社会主义新农村新牧区，积极稳妥推进城镇化进程，同时还要求促进产业转型升级，提升产业核心竞争力，大力发展现代农牧业。

“十二五”期间，内蒙古城镇规划不断完善：编制完成了《内蒙古自治区城镇体系规划》《呼包鄂城市群规划》和《乌海及周边地区城镇规划》，城市控制性详细规划覆盖率达到 80% 以上。出台实施了《内蒙古自治区人民政府关于进一步推进户籍制度改革的实施意见》，促进了农牧业人口有序向城镇转移。城乡一体化的就业制度正在形成，覆盖城乡的就业、教育、医疗等基本公共服务均等化制度正在建立，土地产权保护等制度不断完善。农村集体土地所有权确权登记颁证基本完成。

内蒙古自治区的城镇化一直处于国内领先地位，重点关注了城乡的统筹发展，协调内蒙古自治区内整体布局。城镇化稳步发展，形成了一批能够发挥城市聚集力和辐射力的城镇群，并以此带动周边中小城镇地区经济快速发展。加之大量知识青年返城，城市经济快速发展，城乡流通进一步扩大，所建设的小城镇已经成为能够吸纳农村剩余劳动力的重要载体。

五、新型城镇化建设阶段（2013 年至今）

（一）国家层面的政策保障

2013 年 11 月 12 日，党的十八届三中全会通过了《中共中央关于全面深化改革若干重大问题的决定》，进一步确定了我国城镇化发展的基本方向和总体目标是“完善城镇化健康发展体制机制。坚持走中国特色新型城镇化道路，推进以人为核心的城镇化，推动大中小城市和小城镇协调发展、产业和城镇融合发展，促进城镇化和新农村建设协调推进”。

2013 年 12 月 12—13 日，中央专门召开了中央城镇化工作会议，习近平总书记和李克强总理在会议上发表了重要讲话，进一步为我国新型城镇化建设明确了思想，指明了方向。习近平总书记特别强调：“城镇化是现代化的必由之路。推进城镇化是解决农业、农村、农民问题的重要途径，是推动区域协调发展的有力支撑，是扩大内需和促进产业升级的重要抓手，对全面建成小康社会、加快推进社会主义现代化具有重大现实意义和深远历史意义。”李克强总理指出：“新型城镇化是我国现代化进程中一场波澜壮阔的实践，是历史给中国人民创造的巨大机遇，同时也是巨大挑战。”

2014 年 3 月《国家新型城镇化规划（2014—2020 年）》提出，要紧紧围绕全面提高城镇化质量，加快转变城镇化发展方式，以人的城镇化为核心，以城市群为主体形态，以综合承载能力为支撑，以体制机制创新为保障，走以人为本、四化同步、优化布局、生态文明、文化传承的中国特色新型城镇化道路。提出四大任务——有序推进农业转移人口市民化，优化城镇化布局和形态，提高城市可持续发展能力，推动城乡发展一体化。提出五项改革——统筹推进人口管理、土地管理、资金保障、城镇住房、生态环境保护等制度改革，完善城镇化发展体制机制。这是今后一个时期指导全国城镇化健康发展的宏观性、战略性、基础性的规划，也是中央颁布实施的第一个城镇化规划。

2016 年 2 月《国务院关于深入推进新型城镇化建设的若干意见》（国发〔2016〕8 号）提出，要坚持走中国特色新型城镇化道路，以人的城镇化为核心，以提高质量为关键，以体制机制改革为动力，紧紧围绕新型城镇化目标任务，加快推进户籍制度改革，提升城市综合承载能力，制定完善土地、财政、投融资等配套政策。并提出积极推进农业转移人口市民化、全面提升城市功能、加快培育中小城市和特色小城镇、辐射带动新农村建设、完善土地利用机制、创新投融资机制、完善城镇住房制度、加快推进新型城镇化综合试点、健全新型城镇化工作推进机制等 9 个方面 36 条具体措施。

2016 年 3 月《中华人民共和国国民经济和社会发展第十三个五年规划纲要》提出，坚持以人的城镇化为核心、以城市群为主体形态、以城市综合承载能力为支撑、以体制机制创新为保障，加快新型城镇化步伐，提高社会主义新农村建设水平，努力缩小城乡发展差距，推进城乡发展一体化。

2016 年 10 月《国家发展改革委关于加快美丽特色小（城）镇建设的指导意见》（发改规划〔2016〕2125 号）提出，要把加快建设美丽特色小（城）镇作为落实新型城镇化战略部署和推进供给侧结构性改革的重要抓手，坚持用改革的思路、创新的举措发挥统筹协调作用，整合各方面力量，加强分类指导，结合地方实际研究出台配套政策，努力打造一批新兴产业集聚、传统产业升级、体制机制灵活、人文气息浓厚、生态环境优美的美丽特色小（城）镇。

（二）自治区层面的政策保障

2015 年 9 月《内蒙古自治区人民政府关于进一步推进户籍制度改革的实施意见》（内政发〔2015〕104 号）提出，进一步调整户口迁移政策、改革人口管理制度。并对落户政策作了更加细致具体的规定，全面放开城区人口 100 万以下中小城市和城镇的落户限制，农牧民和外来务工人员只要有合法稳定住所，即使是租赁房屋也可以落户。户籍制度改革为内蒙古加快推进新型城镇化建设提供了人口保障。

2016 年 3 月《内蒙古自治区国民经济和社会发展第十三个五年规划纲要》提出，稳步推进以人为核心的新型城镇化。进一步提出加快农村牧区转移人口市民化，提高城镇综合承载能力，建设人文、绿色、智慧城市。

2016 年 12 月，《内蒙古自治区“十三五”新型城镇化规划》（内政发〔2016〕141 号）针对有序推进农牧业转移人口市民化进程、优化城镇布局和形态、推动产城融合发展、转变城镇发展方式、提高城镇综合承载能力、促进城乡发展一体化、创新新型城镇化体制机制等方面作出了详细的规划部署。

除此之外，2013 年 5 月，内蒙古自治区第十二届人民代表大会常务委员会第三次会议通过了《内蒙古自治区城乡规划条例》，对全区、各大城市、小城镇提出明确要求，加快了城乡规划的编制和修编进程。目前已相继完成《乌海及周边地区城镇规划（2010—2030）》《呼包鄂城市群规划（2010—2020）》，以及 250 个自治区重点镇和 90 个一般建制镇的镇域规划，以总体规划为指导、分区规划及详细规划相协调的规划体系基本建立。

（三）内蒙古城镇化发展现状

内蒙古自治区的城镇化建设在 60 余年的发展过程中，经历了快速上升阶段、倒退阶段，以及目前的健康稳固发展阶段，已经形成自己独特的模式。

1. 内蒙古城镇化基本状况

从上述城镇化阶段划分可知，内蒙古自治区经济、社会发展迅速，城镇化水平较高，领先于其他民族地区。

截至 2020 年，内蒙古自治区拥有 2404. 9 万常住人口，城镇人口占常住人口的 67. 48%。其中，市镇百万以上人口的城市 7 个，分别是呼和浩特市、包头市、呼伦贝尔市、通辽市、赤峰市、乌兰察布市、鄂尔多斯市；50 万～100 万人口的城市 4 个，分别是兴安盟、锡林郭勒盟、巴音淖尔市、乌海市；20万以下人口的城市只有1个，为阿拉善盟。

截至2019年，内蒙古自治区城区面积10706.2平方公里、城市建设用地面积911.92平方公里、市区人口密度每平方公里1333人；城市铺装道路长度为7858公里；自来水普及率达98.8%；城市拥有公共汽车7777辆、出租车30358辆；城市园林绿地面积59879公顷、每万人拥有的绿地面积20.48公顷、公园面积25308公顷、公园762个。在城市绿化、公共卫生方面，由于包头市城市绿化工作突出、人居环境良好，曾被联合国人居中心授予“迪拜国际改善居住环境最佳范例奖的良好范例”称号，并被评为全国文明城市；鄂尔多斯市被评为国家卫生城市、全国文明城市；此外，内蒙古自治区还有很多城镇被评为各级文明城市，城市环境已得到了极大改善。内蒙古自治区的城市公共事业较2000年有了长足的发展，但与城镇化率高的地区相比仍需要进一步完善城镇化各种基础设施的建设。

2. 内蒙古城镇化对地区经济、社会发展的重要作用

内蒙古自治区的城镇建设得益于其经济社会的不断发展进步，同时，其城镇经济的快速发展也一并带动了该地区国民经济的增长。

截至2018年，一般公共预算收入为634.9亿元，占内蒙古自治区一般财政预算收入的38.93%；固定资产投资总额6722.64亿元，占比达34.18%。仅从城市的各项发展指标即可看出，城市经济作为内蒙古自治区经济的主体，为其经济发展起到了重要的推动作用。对比2019年内蒙古自治区生产总值中三次产业比例（10.8∶39.6∶49.6）可以看出，城镇化建设也对促进整个内蒙古自治区产业结构优化起到了重要作用。

同时，城镇的发展进一步扩大并完善了地区居民的就业总量和结构。从表4－5可以看出，2000年三次产业人口就业比例为52.2∶17.1∶30.7，到2019年时这一比例优化为41.8∶15.8∶42.4。由此可以看出，第一产业就业吸纳能力逐渐下降，下降了3.5个百分点；第二产业就业吸纳能力总体有所下降，下降了7.6个百分点；第三产业就业吸纳能力增加了3.7个百分点。这一变化应归功于内蒙古自治区城镇化的建设，以及城市经济发展带来的产业结构优化调整。

表 4－5　内蒙古人口在三次产业中的就业分布情况

年份	第一产业		第二产业		第三产业	
	人数/万人	比重/%	人数/万人	比重/%	人数/万人	比重/%
2000	553.7	52.2	182.4	17.1	325.5	30.7
2005	560.5	53.8	162.7	15.6	317.9	30.5
2010	571.0	48.2	206.2	17.4	407.5	34.4
2013	580.9	41.3	264.6	18.8	562.7	40.0
2016	590.5	40.0	233.7	15.9	649.8	44.1
2018	577.2	42.8	226.56	16.8	544.83	40.4
2019	557.0	41.8	209.3	15.7	564.9	42.4

数据来源：历年《内蒙古统计年鉴》。

2019 年，内蒙古自治区城镇居民可支配收入为 40782 元，是 2000 年（5152 元）的 8 倍左右。农牧民人均可支配收入也由 2000 年的 2058 元增长到 2019 年的 15283 元，增长了约 6.4 倍。2018 年，全年社会消费品零售总额为 7311.07 亿元，其中城镇居民社会消费品零售总额为 6358.58 亿元，是全区消费总额的 86.97%，乡村实现社会消费品零售额 952.49 亿元。

城镇化建设对对外开放也有一定促进作用。随着内蒙古自治区城镇化的快速发展，各级政府投入大量资金开展基础设施建设，城市基本环境得到极大改善，加上国家西部大开发政策、各项沿边开发开放扶持政策以及对外开放政策的实施，内蒙古自治区各边境口岸城市飞速发展，内蒙古自治区对外开放水平有了显著提高。自 2000 年以来，内蒙古自治区争取到的国家城市建设基础设施建设项目总计 65 个左右，投资基金高达 300 多亿元。在这一阶段相继完成的各种水污染处理等工作都取得了前所未有的成效，有效地改善了生态环境，促进了绿色生态的建设。内蒙古自治区两个主要边境口岸城市也得到快速发展。这些工作极大地提升了内蒙古自治区对外开放和招商引资的吸引力，城镇化建设极大地促进了地区的发展。

第三节　内蒙古不同经济类型区城镇化概况

一、内蒙古不同经济类型区的划分及其特点

（一）内蒙古不同经济类型区的划分

1978 年，国家统计局农业调查队对内蒙古自治区的经济生产区域进行了调查研究，根据畜牧业产值与种植业产值的比例把内蒙古自治区划分为牧业县、半农半牧县和农业县。2009—2014 年，在已划分区域的基础上，达林太等学者通过“内蒙古自治区资源开发及经济利益分配关系研究”项目的调研，依据各地区主要产业类型把内蒙古自治区划分为五个经济类型区：典型牧业区、农业区、半农半牧区、林猎区以及城市工矿区。

（二）内蒙古不同经济类型区的特点

1. 典型牧业区

根据内蒙古农牧业厅经营管理站的统计，全区在册牧区人口 166 万人，草原面积占自治区土地面积的 70% 左右。内蒙古自治区在 2000 年新增了 9 个牧业旗之后，形成了 33 个纯牧业旗，可以使用的草原面积 8.3 亿亩，总人口数为 134.8 万人。其中，2000 年之前就属于牧业旗的 24 个纯牧业旗即典型纯牧业区人口为 52.8 万人，仅占全区农牧业人口的 4%，占牧区人口的 31.7%，占 33 个牧业旗人口的 39.2%。而这 24 个纯牧业旗拥有的可利用草原面积达 7.9 亿亩，占全区可利用草原面积的 89.8%，占目前 33 个纯牧业旗可利用草原面积的 92.9%。24 个纯牧业旗占有草原面积巨大，基本分布在内蒙古高原和鄂尔多斯平原，曾经是全国重要的畜牧业基地。由于水资源和草场资源的限制，牧区人口在分布上出现了极不平衡的现象，出现了“大散居，小聚居”的情况。

2. 农业区

农业区主要包括地处河套平原的巴彦淖尔市、呼和浩特市、乌兰察布市等，是中国北方粮食及经济作物的重要生产基地。由于这一区域水资源

比较丰富，也分布了一些矿产品初级加工基地及煤电转化项目的大型电厂等。其中，巴彦淖尔市是内蒙古主要的产粮区，人民生活相比其他农业区更为富裕。农业区工业化尚处于初级阶段，经济实力还不强，大量农户离开土地进城打工，但是城市容纳能力有限，安置困难。

3. 半农半牧区

半农半牧区分布较零散，基本介于牧业区和农业区之间，居民多农牧兼营，有的以农业为主、牧业为辅，有的以牧业为主、农业为辅。这一区域又被称作农牧交错带，主要分布在内蒙古的东部与中部地区。东部地区人口密度较高，可以达到100人/平方公里，农牧产业发展粗放，基本没有农畜产品的深加工。中部地区黄河水资源丰富，农牧业的发展基础比较好，在呼包鄂经济带的影响下，地区基础设施水平比较好。半农半牧区物流条件较好，公路、铁路等公共设施比较齐备，分布有一些矿产品初级加工基地。

4. 林猎区

林猎区由额尔古纳市、根河市、鄂伦春自治旗、牙克石市4个地方组成。这4个地方城镇化进程相对较慢。1950年开始，国家在开发大兴安岭森林资源的时候，忽视了当地经济的建设与发展，致使单一的林业挤占了林猎区的其他行业。1990年以后，国家开始实施“天保工程”，禁止森林砍伐，使得当地林业经济开始下滑。与此同时，由于体制改革没有跟上步伐、经济总量低、交通运输业不发达、基础设施薄弱、地处寒冷地区、开发地下资源受到限制等，行业转型速度不够，没有大的投资作为支撑，林猎区虽然具备了林、牧、农结合的条件，但是得不到有效利用。这一区域有一些自然保护区和林业保护区等，从目前看是矿山企业分布较少的区域。

5. 城市工矿区

城市工矿区包括各级政府驻地、典型工矿、国有牧场和种畜场形成的聚居区。这类地区以矿业和钢铁行业等重工业为主要产业。因各有所辖，驻地分散，故2000年以前没有独立的统计数据。丰富的物流和配套设施，使这一经济类型区成为内蒙古矿产品加工和销售的区域。但是，大部分城市工矿区目前都面临着发展的困境。首先是资源枯竭和城市转型的问题，以往的经验主要通过发展替代产业和产业链衍生来解决。例如，包头地区利用自身的比较优势发展光伏、风电、稀土新材料等战略性新兴产业。其次是工矿业长期的粗放式发展导致的环境破坏问题，重建绿色生态环境迫在眉睫。

（三）各经济类型区发展的差异

1. 自然资源

内蒙古地大物博，自然资源丰富，以草原和耕地为主。截至2018年，内蒙古全区共有103个旗县，总人口高达2534.0万人，草原面积为8800.00万公顷，耕地面积为927.2万公顷。其中，典型牧业区草原面积占比最大，高达71.55%，而城市工矿区仅占0.01%（见表4-6）。

表4-6　2018年内蒙古主要经济类型区自然资源状况

指标	全区	典型牧业区	农业区	半农半牧区	林猎区	城市工矿区
旗县个数/个	103	24	29	19	4	22
人口/万人	2534.0	211.0	879.8	609.8	78.8	512.8
草原面积/万公顷	8800.00	4865.07	531.60	1146.29	256.38	0.66
草原面积占比/%	100	71.55	7.82	16.86	3.77	0.01
耕地面积/万公顷	927.2	81.2	382.8	344.2	63.2	50.1

数据来源：内蒙古统计局2019年发布数据。

2. 人口情况

（1）内蒙古自治区人口变动

1947年内蒙古自治区汉族人口为469.6万人，到2018年增长到1878.9万人，增长了3倍；蒙古族人口由1947年的83.2万人，增长到2018年的466.6万人，增长了4.6倍（见表4-7）。

表4-7　内蒙古各民族人口变动

年份	汉族/万人	蒙古族/万人	回族/万人	满族/万人	朝鲜族/人	达斡尔族/人	鄂温克族/人	鄂伦春族/人
1947	469.6	83.2	4.4	1.7	5601	16281	4998	905
1950	565.9	84.7	4.6	1.8	5921	16932	5269	916
1960	1049.8	121.4	9.4	3.2	14056	30420	6935	1135
1971	1358.2	169，7	13.2	6.8	13884	40440	11038	1364
1980	1632.7	209	15.3	10.3	16193	56399	14722	1699
1990	1749.1	328.5	18.7	40	22380	70959	22494	2976

续表

年份	汉族/万人	蒙古族/万人	回族/万人	满族/万人	朝鲜族/人	达斡尔族/人	鄂温克族/人	鄂伦春族/人
2000	1832. 5	386	20. 9	47	23278	76374	26546	3704
2010	1921. 5	441. 1	21. 6	52. 4	24184	83007	30863	4594
2016	1889. 1	462. 4	21. 7	55. 0	22990	86428	32484	4571
2018	1878. 9	466. 6	21. 7	55. 8	22804	86721	32886	4724
2019	1877. 3	469. 2	21. 7	56. 2	22593	86632	33015	4778

资料来源：历年《内蒙古统计年鉴》。

由于国家对少数民族采取了宽松的人口政策，中华人民共和国成立以来，内蒙古自治区少数民族人口的增长速度超过了汉族人口的增长速度。

（2）典型牧业区的人口变动

作为少数民族聚集区的典型牧业区，其人口数量变化总趋势是从增长到减少，再转入相对稳定。具体表现为：20 世纪中期，牧区人口实现了从高出生率、高死亡率到高出生率、低死亡率的转变，这是社会局势稳定和医疗条件改善的结果；20 世纪后期，随着计划生育政策的落实，人口的自然增长转入了低死亡率的阶段。从人口的机械变动来看，近半个世纪以来，牧区人口经历了一个迁入和迁出交错互动的过程，即由前期大量非牧业人口迁入牧区谋生和发展工矿业，转变为后期牧区大量非牧业人口迁出到城市打工和转产就业。这种人口自然增长和机械移动的共同作用，推动了牧区人口数量的变化。1949 年，内蒙古牧区人口为 26. 3 万人，2000 年增长为 192. 92 万人（其中种植业从业人员达到 38. 5 万人，从事牧业的牧民人数达到 34. 9 万人），增长了 6. 3 倍；而同期全国人口由 5. 4 亿人增长到 12. 7 亿人，增长了 1. 4 倍。牧区人口增长速度远高于全国人口增长速度。牧区人口增长快，主要是人口的机械增长所致。目前牧区人口减少的趋势才刚刚开始，牧区人口数量还没有稳定。从转移出来的劳动力的收入和福利看，这种趋势不完全是由低工资向高工资流动的市场规律在起作用。

二、内蒙古不同经济类型区城镇化发展现状

（一）典型牧业区城镇化发展现状——以苏尼特右旗为例

内蒙古自治区锡林郭勒盟苏尼特右旗位于内蒙古自治区中部，锡林郭勒盟西部。南靠乌兰察布市察右后旗、商都县；西接乌兰察布市的四子王旗；东北与本盟二连浩特市接壤；北与蒙古国交界。总面积 22340 平方公里，2016 年地区生产总值达 65.00 亿元，是内蒙古自治区非常有代表性的典型牧业区。

2008 年，苏尼特右旗总人口 69287 人，城镇人口 46900 人，城镇化率 67.7%。全社会就业人数为 30843 人，从事第一产业人数为 15462 人，从事第二产业人数为 3874 人，从事第三产业人数为 11507 人。生产总值为 223749 万元，第一产业产值 16341 万元，第二产业产值 148694 万元，第三产业产值 58714 万元。

2018 年，苏尼特右旗总人口 66985 人，城镇人口 36708 人，城镇化率 54.8%。全社会就业人数为 38094 人，从事第一产业人数为 16255 人，从事第二产业人数为 7630 人，从事第三产业人数为 14209 人。地区生产总值为 650036 万元，第一产业产值 56760 万元，第二产业产值 428902 万元，第三产业产值 164375 万元。

2008 年到 2018 年，苏尼特右旗城镇人口减少了 10192 人，城镇化率下降了 12.9 个百分点，从事第一产业的人口比重由 50.1% 下降到 42.67%，从事第二产业的人口比重由 12.56% 上升到 20%，从事第三产业的人口比重没有变化，均为 37.3%。生产总值增加了 426287 万元，第一产业产值占总产值比重由 7.3% 上升到 8.7%，第二产业产值占总产值的比重由 66.5% 下降到 66%，第三产业产值占总产值比重由 26.2% 下降到 25.3%。

（二）农业区城镇化发展现状——以五原县为例

内蒙古自治区巴彦淖尔市五原县位于河套地区，东临包头，西接乌海，南靠黄河，总面积 2492 平方公里，可耕地 164.5 万亩，是内蒙古自治

区最具有代表性的农业县。

2008 年，五原县总人口为 276800 人，城镇人口为 88900 人，城镇化率 32.1%，全社会就业人数为 162819 人，从事第一产业人数为 116543 人，从事第二产业人数为 17281 人，从事第三产业人数为 28995 人。生产总值为 46.59 亿元，第一产业产值 14.84 亿元，第二产业产值 18.05 亿元，第三产业产值 13.70 亿元。

2018 年，五原县总人口为 280455 人，城镇人口 64127 人，城镇化率 22.9%。全社会就业人数为 145742 人，从事第一产业人数为 113217 人，从事第二产业人数为 6505 人，从事第三产业人数为 26020 人。地区生产总值为 113.95 亿元，第一产业产值 26.90 亿元，第二产业产值 44.04 亿元，第三产业产值 43.01 亿元。

2008 年到 2018 年，五原县城镇人口减少了 24773 人，城镇化率降低了 9.2 个百分点，从事第一产业的人口比重由 71.6% 上升到 77.7%，从事第二产业的人口比重由 10.6% 下降到 4.5%，从事第三产业的人口比重由 17.8% 上升到 17.9%。生产总值增加了 67.36 亿元，其中，第一产业产值占总产值比重由 31.9% 下降到 23.6%，第二产业产值占总产值的比重由 38.7% 下降到 38.6%，第三产业产值占总产值的比重由 29.4% 上升到 37.7%。

（三）半农半牧区城镇化发展现状——以扎赉特旗为例

内蒙古自治区兴安盟扎赉特旗位于黑龙江、吉林、内蒙古自治区三省区交界处，属于大兴安岭向松嫩平原的过渡地带，总面积 11155 平方公里，拥有耕地面积 510 万亩、草牧场面积 598 万亩，是内蒙古自治区最具代表性的半农半牧区。

2008 年，扎赉特旗总人口为 397924 人，城镇人口为 92700 人，城镇化率 23.3%，全社会就业人数为 188587 人，从事第一产业人数为 151522 人，从事第二产业人数为 10373 人，从事第三产业人数为 26692 人。生产总值为 33.73 亿元，第一产业产值 17.80 亿元，第二产业产值 5.17 亿元，第三产业产值 10.76 亿元。

2018 年，扎赉特旗总人口为 389019 人，城镇人口为 66552 人，城镇化率 17%，全社会就业人数为 197265 人，从事第一产业人数为 122926 人，从事第二产业人数为 22843 人，从事第三产业人数为 51496 人。生产总值为 93.48 亿元，第一产业产值 36.52 亿元，第二产业产值 29.05 亿元，第三产业产值 27.92 亿元。

2008 年到 2018 年，扎赉特旗城镇人口减少了 26148 人，城镇化率降低了 6.3 个百分点，从事第一产业的人口比重由 80.3% 下降到 62.3%，从事第二产业的人口比重由 5.5% 增加到 11.6%，从事第三产业的人口比重由 14.2% 上升到 26.1%。生产总值增加了 59.75 亿元，其中，第一产业产值占总产值的比重由 52.8% 下降到 39%，第二产业产值占总产值的比重由 15.3% 上升到 31.1%，第三产业产值占总产值的比重由 31.9% 下降到 29.9%。

（四）林猎区城镇化发展现状——以鄂伦春自治旗为例

内蒙古自治区呼伦贝尔市鄂伦春自治旗位于大兴安岭南麓，面积 59880 平方公里，有林地面积 4340 万亩，森林覆盖率达到 82.5%，是内蒙古自治区林猎区最具有代表性的旗县。

2008 年，鄂伦春自治旗总人口为 282172 人，城镇人口为 219700 人，城镇化率 77.9%，全社会就业人数为 74327 人，从事第一产业人数为 36146 人，从事第二产业人数为 15172 人，从事第三产业人数为 23009 人。生产总值为 24.48 亿元，第一产业产值 10.64 亿元，第二产业产值 2.69 亿元，第三产业产值 11.15 亿元。

2018 年，鄂伦春自治旗总人口为 248462 人，城镇人口为 191684 人，城镇化率 77.1%，全社会就业人数为 92870 人，从事第一产业人数为 54496 人，从事第二产业人数为 7246 人，从事第三产业人数为 31128 人。生产总值为 69.61 亿元，第一产业产值 22.62 亿元，第二产业产值 8.62 亿元，第三产业产值 38.37 亿元。

2008 年到 2018 年，鄂伦春自治旗城镇人口减少了 28016 人，城镇化率降低了 0.8 个百分点，从事第一产业的人口比重由 48.6% 上升到 58.7%，从事第二产业的人口比重由 20.4% 下降到 7.8%，从事第三产业的人口比重由31%上升到33.5%。生产总值增加了45.13亿元，其中，第一产业产值占总产值的比重由43.5%下降到32.5%，第二产业产值占总产值的比重由11%上升到12.4%，第三产业产值占总产值的比重由45.5%增加到55.1%。

（五）城市工矿区城镇化发展现状——以霍林郭勒市为例

内蒙古自治区通辽市霍林郭勒市位于科尔沁草原，是一座因煤而起的工业城市，煤矿资源十分丰富，是内蒙古自治区最典型的城市工矿区城市。境内有全国五大露天煤矿之一的霍林河煤矿，面积540平方公里，其中已经被探明的优质低硫褐煤精查储量有100亿吨。

2008年，霍林郭勒市总人口为78892人，城镇人口为67000人，城镇化率84.9%，全社会就业人数为36524人，从事第一产业人数为4408人，从事第二产业人数为15124人，从事第三产业人数为16992人。生产总值为120.43亿元，第一产业产值1.61亿元，第二产业产值74.94亿元，第三产业产值43.89亿元。

2018年，霍林郭勒市总人口为82742人，城镇人口为72026人，城镇化率87%，全社会就业人数为54354人，从事第一产业人数为5284人，从事第二产业人数为21383人，从事第三产业人数为27687人。生产总值为296.17亿元，第一产业产值3.19亿元，第二产业产值193.07亿元，第三产业产值99.91亿元。

2008年至2018年，霍林郭勒市城镇人口增加了5026人，城镇化率升高了2.1个百分点，从事第一产业的人口比重由12.1%下降到9.7%，从事第二产业的人口比重由41.4%下降到39.3%，从事第三产业的人口比重由46.5%上升到50.9%。生产总值增加了175.74亿元，其中，第一产业产值占总产值的比重由1.3%下降到1.1%，第二产业产值占总产值的比重由62.2%上升到65.2%，第三产业产值占总产值的比重由36.4%下降到33.7%。

（六）不同经济类型区发展现状比较分析

典型牧业区第一产业拥有最多的从业人口，但是第二产业产值却是三个产业中产值最高的（见表4－8）。这是因为该地区的城镇化主要是依靠草原上丰富矿藏的开发推进的，所以即使以畜牧业为主，第二产业的生产总值也占很高的比例，城镇化率也因为这种粗放的资源开发模式而偏高。

表 4－8 内蒙古不同经济类型区城镇化及产业结构

经济类型区	年份	城镇人口/人	城镇化率/%	从业人口/人			生产总值/万元		
				第一产业	第二产业	第三产业	第一产业	第二产业	第三产业
典型牧业区	2008	46900	67.7	15462	3874	11507	16341	148694	58714
	2016	943957	44.9	575799	261963	542493	2349990	19857424	7995218
农业区	2008	88900	32.1	116543	17281	28995	148400	180500	137000
	2016	2723522	30.5	2694922	808938	1678721	7028199	24067425	17411183
半农半牧区	2008	92700	23.3	151522	17281	26692	178000	51678	107602
	2016	1299206	21.1	2136518	455230	866147	4790497	13876268	10006168
林猎区	2008	219700	77.8	36146	15172	23009	106400	26900	111500
	2016	685726	84.5	115918	48277	154492	831430	1453169	1620162
城市工矿区	2008	67000	84.9	4408	15124	16992	16100	749370	438865
	2016	3809024	74.5	443395	881382	2118631	1436696	36126727	41602865

注：2016 年后统计数据缺失。

数据来源：历年《内蒙古统计年鉴》。

第四节 内蒙古城镇化发展过程中存在的问题

2000 年以后，内蒙古自治区经济结构的调整带来了经济的高速发展、产业结构的升级、人民生活水平的提高，但同时也加速了草原资源被利用和破坏的过程。在加速发展的城镇化进程中，中国的沿海与内地迅速进行资本积累，而内蒙古自治区的欠发达局面却仍旧没有改变。以煤矿开采为例，自治区内煤矿资源丰富，很多地区的经济因此有了较大的增长，但这一切是建立在过度开采矿产资源的基础上的。这种增长方式对资源的依赖性很强，并不能从根本上改变内蒙古自治区欠发达地区的地位。下文分别从经济发展和生态环境两方面分析内蒙古自治区城镇化发展过程中存在的问题。

一、经济粗放型发展状况仍没有改变

（一）经济增长依然依靠高投入

1. 地区生产总值增长乏力

内蒙古自治区地区生产总值不断扩大，到2005年已经接近4000亿元，2000—2005年每年增长17.1%。2000年内蒙古地区生产总值占全国的比重为1.55%，在全国排名第24。2005年内蒙古地区生产总值占全国GDP的比重增加到2.11%，在全国的排名升至第20。2006—2010年是内蒙古地区生产总值高速增长时期。内蒙古地区生产总值由4944.25亿元增至11672亿元，5年间增长了1.4倍，年均增速为17.2%，2010年内蒙古地区生产总值占全国的比重达到2.84%。2011—2015年，内蒙古地区生产总值由14359.88亿元增至17831.51亿元，增长了0.2倍，2015年占全国的比重为2.61%。

2019年内蒙古主动适应把握引领经济发展新常态，全面落实新发展理念，经济发展速度向中高速转变，在经济下行压力增大之时，进一步进行产业经济结构转型，地区生产总值实现了17359.8亿元，同比增长0.41%，占全国的比重为1.71%，与2015年相比地区生产总值和在全国的占比均有所下降，粗放型经济发展方式的短期效益性开始显现（见表4-9）。

表4-9 内蒙古自治区地区生产总值及其在全国占比

指标	2000年	2005年	2010年	2015年	2019年
地区生产总值/亿元	1539.12	3905.03	11672.00	17831.51	17359.8
在全国占比/%	1.55	2.11	2.84	2.61	1.71

数据来源：历年《内蒙古统计年鉴》。

2. 固定资产投入仍然是拉动经济发展的主要动力

2000年，内蒙古全社会固定资产投资总额为430.42亿元，内蒙古自治区地区生产总值为1539.12亿元；2016年，内蒙古全社会固定资产投资总额为15469.5亿元，内蒙古自治区地区生产总值为18632.57亿元；2018年，内蒙古全社会固定资产投资总额为10472.14亿元，内蒙古自治区地区生产总值为 17289.2 亿元。

从内蒙古自治区统计资料可以分析得出：2000—2018 年，内蒙古地区生产总值和全社会固定资产投资增长趋势大致相同。2000—2016 年全社会固定资产投资总额和地区生产总值呈逐渐上升趋势，2016 年全社会固定资产投资总额和地区生产总值均达到峰值，分别为 2000 年的 35.9 倍和 12.1 倍；2016—2018 年全社会固定资产投资总额和地区生产总值均有所下降，分别为 2000 年的 24.3 倍和 11.2 倍。这反映出只有依靠高投入，内蒙古自治区经济才能出现高速增长。

3. 社会固定资产投资占地区生产总值的比值低于同期全国平均水平

从总体来看，2000—2016 年内蒙古自治区全社会固定资产投资总额占地区生产总值的比重与全国平均水平增长趋势一致。2003 年、2004 年、2016 年，内蒙古自治区的比重稍高于全国平均水平，其余年份内蒙古自治区的比重始终低于全国平均水平。尤其在 2008—2014 年，内蒙古全社会固定资产投资占地区生产总值的比重与全国平均水平之间的差距较大，2012 年差距达到最大，2012 年内蒙古自治区的比重为 55.55%，全国平均水平为 69.34%，低于全国平均水平 13.79 个百分点（见图 4-1）。

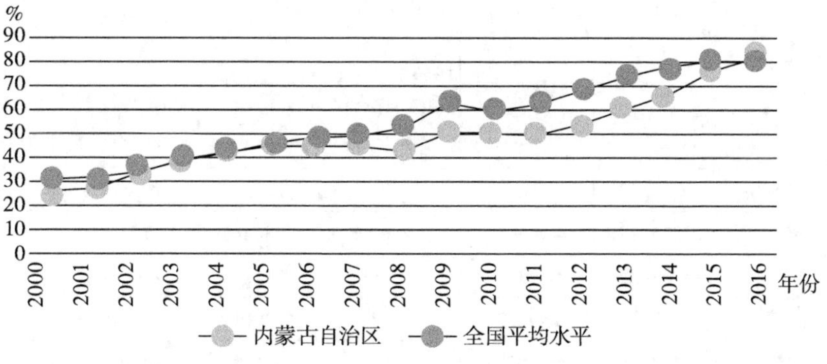

图 4-1　内蒙古和全国固定资产投资占地区生产总值的比重（2000—2016 年）

（二）经济的高增长与能源的高消耗并存

1. 地区生产总值增长与能源消费同步

从表4-10可以看出，15年来，内蒙古自治区地区生产总值的增长伴随的是内蒙古自治区能源消费总量的持续上涨，而高速消耗能源促增长的模式又是不可持续的。2005年，内蒙古自治区地区生产总值为3905.03亿元，相比较生产总值，消费了10788.37万吨能源；同期全国生产总值为187318.9亿元，相比较生产总值，消费了261369万吨能源。2019年，内蒙古自治区地区生产总值为17359.8亿元，相比较生产总值，消费了21554.02万吨能源。较2005年，地区生产总值增长了3.45倍，能源的消费总量增加了近1倍。

2005—2019年，全国与内蒙古的每万元GDP能源消费量整体上是逐年下降的，但全国每万元GDP能源消费量低于内蒙古每万元地区生产总值能源消费量。在15年间，内蒙古每万元地区生产总值能源消费量几乎是全国每万元GDP能源消费量的2倍。由此可见，内蒙古的地区生产总值增长与能源消费是同步的。

表4-10 2005—2019年内蒙古与全国能源消费总量、生产总值及万元GDP能源消费量

年份	内蒙古自治区			全国		
	能源消费总量/万吨	地区生产总值/亿元	地区生产总值能源消费量/（吨/万元）	能源消费总量/万吨	GDP/亿元	GDP能源消费量/（吨/万元）
2005	10788.37	3905.03	2.76	261369	187318.9	1.40
2006	12835.27	4944.2	2.60	286467	219438.5	1.31
2007	14703.32	6423.2	2.29	311442	270232.3	1.15
2008	16407.63	8496.2	1.93	320611	319515.5	1.00
2009	17473.68	9740.3	1.79	336126	349081.4	0.96
2010	18882.66	11672.0	1.62	360648	413030.3	0.87
2011	21148.52	14359.9	1.47	387043	489300.6	0.79
2012	22103.30	15580.6	1.42	402138	540367.4	0.74
2013	17681.37	16916.5	1.05	416913	595244.4	0.70

续表

年份	内蒙古自治区			全国		
	能源消费总量/万吨	地区生产总值/亿元	地区生产总值能源消费量/（吨/万元）	能源消费总量/万吨	GDP/亿元	GDP 能源消费量/（吨/万元）
2014	18309. 06	17770. 2	1. 03	425806	643974. 0	0. 66
2015	18927. 07	17831. 5	1. 06	429905	689052. 1	0. 62
2016	19457. 05	18632. 6	1. 04	435819	743585. 5	0. 59
2017	19914. 97	16103. 2	1. 24	448529	820754. 3	0. 55
2018	—	17289. 2	—	464000	900309. 5	0. 52
2019	21554. 02	17359. 8	1. 24	487488	986515. 2	0. 49

数据来源：历年《内蒙古统计年鉴》。

2. 能源消费占全国的比例超过了地区生产总值占全国的比例

从近十年的发展来看，内蒙古自治区经济的快速增长所付出的代价是资源、能源的高消耗，在有些年份，能源和资源的损耗速度已经超过了经济增长的速度。随着资源的不断消耗，内蒙古自治区经济发展的动力也会逐渐减弱，需要新的发展模式来提供新的发展动力。由表 4 - 10 可以看出，2005—2019 年，内蒙古自治区地区生产总值能源消费量在 1. 04 ~ 2. 76 吨/万元，超过全国平均水平。由表 4 - 11 可以看出，2005 年，内蒙古自治区能源消费总量占全国能源消费总量的 4. 13%，生产总值却只有全国的 2. 08%。2019 年，内蒙古自治区能源消费总量占全国能源消费总量的 4. 42%，生产总值却只占全国的 1. 76%。

表 4 - 11　内蒙古地区生产总值和能源消费总量占全国的比重　（%）

年份	内蒙古能源消费总量占全国的比重	内蒙古地区生产总值占 GDP 的比重
2005	4. 13	2. 08
2006	4. 48	2. 25
2007	4. 72	2. 38
2008	5. 12	2. 66
2009	5. 20	2. 79
2010	5. 24	2. 83
2011	5. 46	2. 93

续表

年份	内蒙古能源消费总量占全国的比重	内蒙古地区生产总值占 GDP 的比重
2012	5. 50	2. 88
2013	4. 24	2. 84
2014	4. 30	2. 76
2015	4. 40	2. 59
2016	4. 46	2. 51
2017	4. 44	1. 96
2018	—	1. 92
2019	4. 42	1. 76

数据来源：历年《内蒙古统计年鉴》。

由表 4 - 11 可见，2005—2019 年，内蒙古能源消费总量占全国的比重在 2012 年达到了峰值，地区生产总值占 GDP 的比重在 2011 年达到了峰值，之后逐渐下降。也可以看出，内蒙古地区生产总值占 GDP 的比重始终比内蒙古能源消费总量占全国的比重低。这就说明内蒙古自治区的经济增长是依靠高能耗支撑的。

3. 高消耗换来的高增长，必然导致高排放和高污染

内蒙古自治区虽然近十年经济增长速度与经济发展成果可观，但工业化进程中不合理的开发、消耗模式，给当地生态带来了巨大的灾难。从表 4 - 12 可以看出，2011—2018 年，内蒙古自治区工业二氧化硫排放量经历了高排放到低排放的发展过程，而全国的工业二氧化硫排放量总体处于逐年下降趋势。

2005 年内蒙古自治区工业二氧化硫排放量为 145. 6 万吨，而全国为 2549. 4 万吨，内蒙古占全国的比例为 5. 71%。2011 年，内蒙古工业二氧化硫排放量达到最高峰，为 140. 94 万吨，同年全国的排放量为 2217. 9 万吨，内蒙古占全国的比例为 6. 35%。2012 年开始内蒙古自治区工业二氧化硫排放量逐年下降，2016 年为 62. 57 万吨，同年全国工业二氧化硫排放量为 1102. 9 万吨，内蒙古占全国的比例为 5. 67%；2017 年为 32. 69 万吨，同年全国工业二氧化硫排放量为 875. 4 万吨，内蒙古占全国的比例为 3. 73%。

内蒙古工业烟（粉）尘排放量从 2011 年的 73.99 万吨逐渐增加至 2014 年的 102.15 万吨，后急降至 2018 年的 30.18 万吨。而全国的工业烟（粉）尘排放量大体是逐渐下降的，从 2011 年的 1278.83 万吨降至 2017 年的 796.26 万吨。内蒙古工业烟（粉）尘排放量占全国的比例从 2011 年的 5.79% 降至 2017 年的 4.34%。

2011—2017 年，内蒙古工业废水排放量也经历了从逐年上升到下降的过程。而全国在 2011—2017 年工业废水排放量呈逐年下降趋势。

2011—2015 年，全国及内蒙古自治区的工业固体废物综合利用率逐年增加，而内蒙古自治区的工业固体废物综合利用率在 2015—2018 年有所回落。内蒙古自治区工业固体废物综合利用率从 2011 年的 40.90% 增加至 2016 年的 45.59%，全国工业固体废物综合利用率从 2011 年的 57.27% 增加至 2014 年的 67.14%。2011—2017 年，尽管内蒙古自治区工业固体废物综合利用率有很大的提升，但是仍然比全国平均水平要低。

表 4－12 内蒙古工业“三废”排放和全国的比较

年份	内蒙古自治区				全国			
	工业二氧化硫排放量/万吨	工业烟（粉）尘排放量/万吨	工业废水排放量/亿吨	工业固体废物综合利用率/%	工业二氧化硫排放量/万吨	工业烟（粉）尘排放量/万吨	工业废水排放量/亿吨	工业固体废物综合利用率/%
2011	140.94	73.99	3.94	40.90	2217.9	1278.83	230.9	57.27
2012	138.49	83.30	—	44.00	2118.0	1235.77	221.6	61.11
2013	135.87	82.21	3.70	48.68	2043.9	1278.14	209.8	62.33
2014	131.24	102.15	3.93	56.35	1974.4	1740.75	205.3	67.14
2015	123.09	87.88	3.58	45.91	1859.1	1538.01	199.5	—
2016	62.57	57.11	2.42	45.59	1102.9	1010.66	185.4	—
2017	32.69	34.55	2.16	37.1	875.4	796.26	—	54.64
2018	27.25	30.18	2.24	36.75	—	—	—	—

数据来源：历年《内蒙古统计年鉴》。

二、财政收支缺口逐年增大

（一）财政收入大幅度提高

从表4－13可见，2000—2012年，内蒙古地方财政总收入持续增长。2000—2005年，内蒙古自治区地区生产总值由1539.1亿元增加至3905亿元，增长了1.54倍。在西部地区各省区市中，2000年，内蒙古地区生产总值排名第6、人均生产总值排名第2、地方财政总收入排名第5、人均预算收入排名第2；到了2005年，地区生产总值排名上升到了第3、人均生产总值排名第1、地方财政收入排名第4、人均预算收入排名第1，当年财政收入总值是335.09亿元。地方一般预算收入从2000年的95.03亿元增至2006年的343.38亿元，增长了2.61倍。2006—2019年，内蒙古一般预算收入增长较快，由343.38亿元增至2059.69亿元，增长了近5倍。

表4－13　内蒙古地方财政收入及分项收入　　单位：亿元

年份	地方财政总收入	一般预算收入	工商税收	契税和耕地占用税	企业所得税	国有资本经营收入
2000	110.68	95.03	54.64	—	10.60	1.28
2002	132.91	112.85	67.37	—	9.03	4.06
2004	238.28	196.76	122.09	—	8.70	14.75
2006	594.59	343.38	218.32	14.8893	27.28	18.88
2008	1107.27	650.68	440.14	24.1064	59.28	41.55
2010	1738.14	1069.98	686.96	59.4367	101.65	58.92
2012	2497.28	1552.75	1007.78	100.8121	179.85	46.02
2014	2261.81	1843.67	989.62	247.0558	109.64	103.86
2016	—	2016.43	1007.87	310.4470	96.93	87.35
2018	—	1857.65	1286.78	91.1961	165.09	7.50
2019	—	2059.69	1394.27	121.1116	181.65	11.85

注：1.1984年以前企业所得税包括国有企业上缴利润和国有企业亏损补贴；2.1994年以来地方财政收入为分税制财政体制统计口径。

数据来源：历年《内蒙古统计年鉴》。

特别是2014年，内蒙古自治区生产总值排在西部地区的第1位，地方财政总收入为2261.81亿元，同比增长了26.16%。工商税收、企业所得税、契税和耕地占用税逐年增加，内蒙古自治区的经济实力在西部省区市的地位明显提升。

（二）地方财政收入很大部分依赖土地出让

农业各税包含的税种为牧业税、农业税、农业特产税、契税和耕地占用税。自2006年起，农业各税不包括牧业税、农业税、农业特产税。企业所得税中，1985—1993年包括国有企业调节税，1994年以后包括地方金融企业所得税，2002年以后包括上划中央税。内蒙古自治区2000年的税收总额为122.65亿元，其中地方税收为77.75亿元。2019年内蒙古自治区税收总额为2615.36亿元，其中地方税收为1539.69亿元，分别增长了20.32倍、18.80倍（见表4－14）。

表4－14　内蒙古财政收入中的税收收入

年份	税收总额/亿元	地方财政总收入/亿元	地方税收/亿元	农业各税/亿元	税收总额占地方财政总收入的比重/%
2000	122.65	110.68	77.75	—	110.8
2002	162.48	132.91	88.58	—	122.2
2004	270.43	238.28	144.04	—	124
2006	511.88	594.59	260.67	14.89	86.1
2008	921.03	1107.27	464.45	24.11	83.2
2010	1420.97	1738.14	752.81	59.44	81.8
2012	2064.40	2497.28	1119.87	100.81	82.67
2014	2051.44	—	1251.07	247.06	—
2016	1938.91	—	1335.88	310.45	—
2018	2349.93	—	1399.86	91.20	—
2019	2615.36	—	1539.69	121.11	—

数据来源：历年《内蒙古统计年鉴》。

2006年，随着土地出让的招拍挂，契税和耕地占用税被列入地方一般性预算的行列，土地出让金的地位开始显现；同时税收总额占地方财政收入的比重由2004年的124%降为2006年的86.1%（见图4－2），说明非税收入在增加。从2006年开始，土地出让金等非税收入几乎占到地方财政收入的40%。

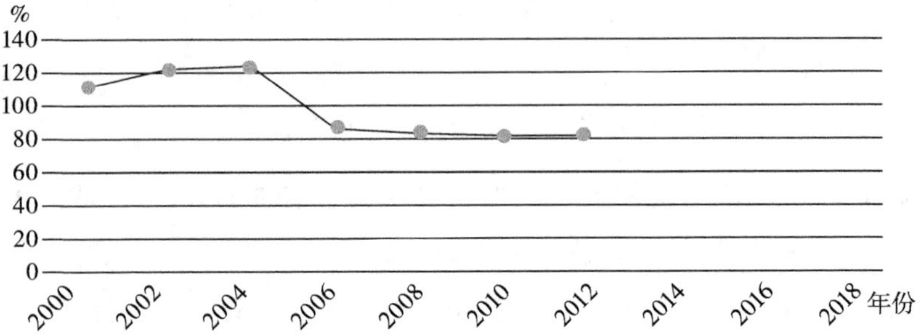

图4－2　内蒙古财政税收总额占财政收入的比重

（三）财政收支的缺口在逐年增大

由表4－15可知，在经济快速发展的带动下，内蒙古地方财政支出总量大于财政收入，财政缺口逐年扩大，由2001年的105.5亿元增加至2018年的2973.81亿元，增长了约27倍，年均增长约1.5倍。

由于地方财政缺口较大，为了扶持地方的经济发展，中央的财政转移支付力度有逐年增大的趋势。中央财政转移支付由2001年的168.3亿元增加至2016年的1071.91亿元，增长了约5.37倍，年均增长33.56%。

虽然内蒙古自治区的财政转移收入的总额在逐年增大，但是从近十年的数据来看，财政支付所占比重每年却在下降，转移支付的投入增长速度也在每年回落，已经出现负增长的状态。2009年，内蒙古自治区地区生产总值为9740.3亿元，地方财政收入为1378.1亿元，地方财政支出为1925.1亿元，中央转移支付为492亿元。2016年，内蒙古自治区地区生产总值为18632.6亿元，地方财政收入为2016.43亿元，地方财政支出为4512.71亿元，中央转移支付为1071.91亿元。2009—2016年，内蒙古地区生产总值增长了0.9倍，地方财政收入增长了0.5倍，地方财政支出增长了1.3倍，财政缺口扩大了3.6倍，中央转移支付增加了1.2倍。因此可以看出，2009—2016年，内蒙古财政缺口在逐年扩大，扩大的速度高于地区生产总值、地方财政收入、中央转移支付的增长速度。

表 4－15　内蒙古财政收支状况　　单位：亿元

年份	地区生产总值	地方财政收入	地方财政支出	财政缺口	中央转移支付
2001	1713.8	167.7	336	105.5	168.3
2006	4944.2	713	915	202	234.1
2009	9740.3	1378.1	1925.1	547	492
2016	18632.6	2016.43	4512.71	2496.28	1071.91
2018	17289.2	1857.65	4831.46	2973.81	—
2019	17359.8	2051.26	5100.91	—	—

数据来源：历年《内蒙古统计年鉴》。

三、东、中、西部地区发展不平衡

从表 4－16 可知，以人均经济指标进行计算，2000 年，内蒙古东部地区人均生产总值为 4842 元，中部地区为 10390 元，西部地区为 8883 元。鄂尔多斯是人均生产总值最高的地区，乌兰察布是人均生产总值最低的地区，两地相差 8125 元。

2006 年，内蒙古东部地区人均生产总值为 12480 元，年均增速为 16.1%；中部地区人均生产总值为 41248 元，年均增速为 23.1%；西部地区人均生产总值为 21322 元，年均增速为 18.4%。中部地区和西部地区的人均生产总值都高于全区的平均水平，东部地区的人均生产总值要比平均水平低一些。内蒙古自治区东部地区人均财政收入为 1529 元，同比增长了 29.7%，中部地区人均财政收入为 6348 元，同比增长了 28.1%，西部地区人均财政收入为 2797 元，增速为 24.1%。其中，中部地区人均财政收入高出全区平均水平 110%，而东、西部地区则分别低于全区平均水平 48.7% 和 6.2%。东、中、西部地区人均财政支出分别为 2372 元、6482 元和 4347 元，同比增速分别为 19.4%、35.6% 和 33.9%。其中，中、西部地区人均财政支出分别高出全区平均水平 69.4% 和 13.6%，而东部地区则低于全区平均水平 38%。

2016 年，内蒙古东部地区、西部地区人均生产总值增长较快，分别达到 51037 元、129733 元，而中部地区有所下降，人均生产总值为 82608 元。从人均财政收入来看，西部地区人均财政收入最高，为 10325 元，中部地区次之，为7151元，东部地区最低，为3195元。人均财政支出最高的地区依然是西部地区，其次是中部地区，最后是东部地区。

2019年，东部、西部地区人均生产总值有所下滑，分别为39831元、106868元，只有中部地区增长至101672元；从人均财政收入来看，东部地区增速较快，增长至24354元，但西部地区的人均财政收入仍然最高，为39160元，中部地区次之，为31034元。人均财政支出也是东部地区最低，中部地区居中，西部地区最高。

2000—2019年，内蒙古东、中、西部地区人均生产总值、人均财政收入、人均财政支出增速不一致，增量也有进一步扩大趋势。如果不能平衡区域之间的经济、有效地建立起区域之间的联系，就会导致人力资本从贫困地区向富裕地区流动，使需要人才的地方无人可用，人才聚集的地区无岗位就业。这对于本已“贫血”的贫困地区的经济社会和尚待恢复的生态环境来说，无异于雪上加霜。

表4-16　内蒙古东、中、西部人均生产总值、财政收入、财政支出

单位：元

年份	东部地区			中部地区			西部地区		
	人均生产总值	人均财政收入	人均财政支出	人均生产总值	人均财政收入	人均财政支出	人均生产总值	人均财政收入	人均财政支出
2000	4842	404.09	696.87	10390	1148.13	966.05	8883	881.26	1237.24
2006	12480	1529	2372	41248	6348	6482	21322	2797	4347
2014	27508	1515	6180	93583	6326	8579	67947	4374	11381
2016	51037	3195	12883	82608	7151	17107	129733	10325	23251
2019	39831	24354	16093	101672	31034	21450	106868	39160	25915

数据来源：历年《内蒙古统计年鉴》。

四、牧区牧民收入增长缓慢

改革开放之后，内蒙古的经济持续增长，经济总量和人均收入均有大幅度增长，地区生产总值增速连续多年位居全国第一。但是，这种发展是不平衡的，少数民族地区的经济发展反而落后了，少数民族地区在经济发展中付出了很大的代价。

（一）牧民经营成本增速已快于经营收入增速

“六五”时期，内蒙古自治区牧区经济总量比1980年增加了近2.5倍，年增长量为23.3%。“七五”时期经济总量比“六五”时期又增长了2.2倍，年均增长17.9%。“九五”末期，受到多方因素，特别是资源衰退的制约，虽然牧区经济总量跟随全区经济的增长而继续增长，但增速明显减缓。

从2014年的数据来看，内蒙古自治区牧区经济收入连年增长，牧民的经营所得为59.42亿元，比2009年增长了16.76%。尽管人口在逐年增长，人均收入呈现出逐年增加的趋势，但相关的生产费用也在逐年上升（见表4－17）。

表4－17 内蒙古典型牧业旗和牧业旗的生产经营状况

年份	地区	人口/万人	牧民经营所得总额/亿元	人均收入/元	总费用/亿元	生产费用/亿元
1999	24个牧业旗小计	52.55	13.47	2564	11.46	10.97
	33个牧业旗合计	136.03	27.09	1991	18.54	16.89
2002	24个牧业旗小计	52.31	12.50	2390	16.20	15.66
	33个牧业旗合计	134.26	24.49	1824	23.50	21.72
2005	33个牧业旗合计	138.71	42.52	3066	37.93	33.37
2009	24个牧业旗小计	58.26	26.33	4520	32.50	29.99
	33个牧业旗合计	143.76	50.89	3540	47.85	41.82
2014	24个牧业旗小计	5940	31.39	5284	46.87	39.52
	33个牧业旗合计	144.29	59.42	4118	64.52	53.06

数据来源：内蒙古自治区农牧业经营管理站。

由图4－3中可以看出，牧民的生产费用逐年增加，虽然经济总量和人均收入均有大幅度增长，但从表4－17来看，牧民收入的增速出现明显的下降趋势。

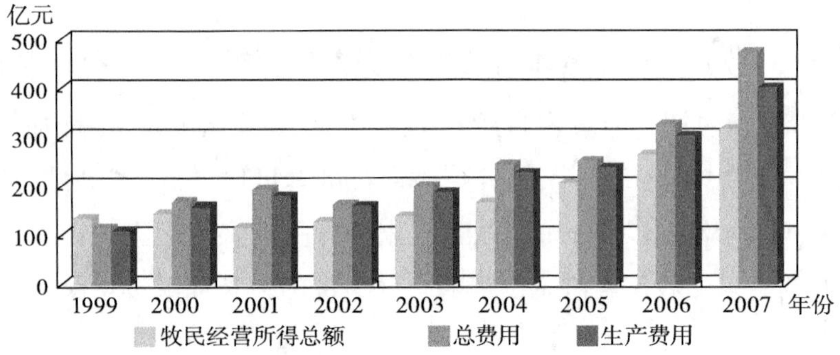

图 4－3　1999—2007 年内蒙古 24 个典型纯牧业旗生产经营状况

数据来源：内蒙古农牧业厅农牧业经营管理站和各年度统计数据。

从数据上可以分析得出，牧民生产成本的增加速度已经超过了生产收入的增加速度。

（二）牧区牧民生活并没有多大的改善

牧民的生活水平从收入形态上看，主要体现在出售牲畜和畜产品的货币收入上。2003 年牧民家庭现金收入比上年降低了 11.4%，关于牲畜的出售以及加工产品的出售收入比上年降低了 3.6%。到“十五”末期，牧区牧民家庭经营收入总量达到 20.42 亿元，到了 2007 年，牧区牧民家庭经营收入总量达到 31.39 亿元，人均经营收入达到 5284 元。然而，牧民收入增长的单项指标掩盖了牧区的本来面目，很多的相关指标被忽略，比如生产和生活支出、社会服务的市场化程度、福利待遇、生产生活环境条件的改善等实际都弱于城镇居民和农村的农民。

从表 4－18 的统计数据可以看出，内蒙古自治区少数民族聚居的牧区的牧民生活并没有多大的改善。2009 年牧民的可支配收入减去生活消费现金支出，剩余的人均可支配现金流量仅为 46.25 元；2014 年牧民的可支配现金流量为 117.88 元。如此小的现金流量，一旦遇到不可预测的风险，是没有办法应对的。

表 4－18 内蒙古牧民生产经营和生活消费状况 单位：元

年份	纯收入	家庭经营纯收入	可支配收入（1）	家庭经营支出	生活消费支出	生活消费现金支出（2）	（1）－（2）
2009	7170.29	5323.23	5955.17	5692.00	6497.43	5908.92	46.25
2014	7851.45	5992.73	6578.85	6526.37	7066.45	6460.97	117.88

数据来源：《内蒙古经济社会调查年鉴》。

（三）牧区整体经济发展水平落后于其他地区

2016 年，内蒙古 33 个牧业旗县的地区生产总值为 4185.07 亿元，占全区地区生产总值的 20.46%，33 个牧业旗县中 20 个旗县排在全区 103 个旗县的后 50 名；33 个牧业旗的财政总收入为 308.23 亿元，占全区财政一般预算收入的 15.29%，33 个牧业旗中 17 个旗县排在全区 103 个旗县的后 50 名。由此可见，内蒙古牧业旗县整体发展落后于其他地区（见表 4－19）。

表 4－19 2016 年内蒙古 33 个牧区旗县地区生产总值、财政收入及其在全区的排名

序号	旗县	地区生产总值/亿元	排名	财政收入/亿元	排名
1	鄂托克旗	453.46	11	37.98	8
2	乌审旗	412.46	13	33.69	9
3	阿拉善左旗	269.52	22	16.76	25
4	锡林浩特市	67.52	29	29.42	11
5	达茂旗	212.83	31	16.59	26
6	扎鲁特旗	206.36	32	16.46	27
7	科左后旗	170.49	38	4.25	64
8	科左中旗	206.36	40	3.62	71
9	克什克腾旗	157.91	43	8.05	43
10	翁牛特旗	153.97	46	4.7	59
11	东乌珠穆沁旗	137.63	50	8.22	41
12	鄂托克前旗	136.42	51	18.1	22
13	巴林左旗	130.49	52	5.56	53
14	西乌珠穆沁旗	118.54	54	20.72	17
15	阿鲁科尔沁旗	117.4	55	3.72	70

续表

序号	旗县	地区生产总值/亿元	排名	财政收入/亿元	排名
16	鄂温克旗	115.69	56	7.78	45
17	乌拉特中旗	101.76	61	8.81	40
18	杭锦旗	100.23	63	12.3	35
19	陈巴尔虎旗	94.24	64	4.55	61
20	巴林右旗	83.08	71	4.42	62
21	新巴尔虎右旗	80.77	72	5.52	55
22	正蓝旗	67.52	80	5.59	52
23	科右中旗	65.96	81	2.32	88
24	苏尼特右旗	65	85	3.34	77
25	乌拉特后旗	64.58	86	8.1	42
26	阿巴嘎旗	64.3	87	2.2	89
27	四子王旗	57.4	90	2.17	90
28	镶黄旗	54.08	91	2.57	87
29	苏尼特左旗	49.78	95	2.62	85
30	鄂济纳旗	43.91	97	4.56	60
31	正镶白旗	67.52	100	1.36	99
32	阿拉善右旗	29.21	101	1.23	100
33	新巴尔虎左旗	28.68	102	0.96	103
合计	4185.07		308.23		

数据来源：《内蒙古统计年鉴2017》。

区域经济发展的实践表明，牧区和半农半牧区的生态环境和畜牧业发展的形势是严峻的。畜牧业经济的萎缩会导致依附于草原畜牧业的文化的萎缩，会直接造成自治区另一些畜产品加工的龙头企业的产品的虚拟价值减少。

五、城乡居民收入差距逐年拉大

（一）城乡居民收入差距较大

由表4－20可知，2000—2013年，内蒙古农牧民人均纯收入和城镇居民可支配收入是持续增长的，但其增长幅度不一致。2000—2013年农牧民人均纯收入增长了6558元、3.22倍，而2000—2013年城镇居民可支配收入增长了20368元、3.97倍。从2000—2013年农民、牧民人均纯收入的增长趋势看，农民人均纯收入从1869元增至8032元，增长了6163元、3.30倍；牧民人均纯收入从3355元增至12668元，增长了9313元、2.78倍。由此可见，农民与牧民之间、农牧民与城镇居民之间人均纯收入的增长幅度均不同步。

2000年，内蒙古自治区农牧民人均纯收入为2038元，而城镇居民人均可支配收入为5129元，城乡收入比为2.52∶1；2002年农牧民人均纯收入微增至2086元，而城镇居民人均可支配收入增至6051元，城乡收入比为2.90∶1；2004年城乡收入比为3.12∶1；2006年城乡收入比为3.11∶1；2008年城乡收入比为3.11∶1；2010年城乡收入比为3.20∶1；2012年城乡收入比为3.04∶1；2013年城乡收入比为2.97∶1。从上述数据可以看出，2000—2013年，农牧民人均纯收入与城镇居民人均可支配收入之间的差距是逐步加快扩大再缓慢缩小的。

表4－20 内蒙古城乡居民家庭人均收入及指数

年份	农牧民人均纯收入						城镇居民可支配收入	
	农牧民		农民		牧民			
	绝对数/元	指数（1978＝100）	绝对数/元	指数（1978＝100）	绝对数/元	指数（1978＝100）	绝对数/元	指数（1978＝100）
2000	2038	408.7	1869	340.8	3355	454.2	5129	385.8
2002	2086	411.7	1948	350.3	3052	403.9	6051	446.7
2004	2606	474.0	2465	406.9	3571	444.2	8123	575.9
2006	3342	578.7	3188	501.4	4502	532.7	10358	708.2
2008	4656	725.7	4457	631.3	6194	660.5	14433	897.6
2010	5530	834.5	5222	716.0	7851	810.3	17698	1071.5
2012	7611	1060.4	6968	882.0	12257	1168.0	23150	1285.9
2013	8596	1165.0	8032	989.0	12668	1174.3	25497	1369.7

注：2013年后无相关统计数据。

数据来源：《内蒙古统计年鉴2017》。

（二）不同行业收入差距较大

社会行业收入出现了不平衡的现象。从按国民经济行业划分的行业来看，2008 年在职职工平均工资最高的是电力、燃气及水的生产和供应业，平均工资为 41241 元；最低的是农、林、牧、渔业，在职职工平均工资为 13192 元；两个行业在职职工平均工资差距为 28049 元。到 2016 年，在职职工平均工资有了很大的提高，平均工资最高的是金融业，为 87546 元；平均工资最低的是居民服务、修理和其他服务业，为 39654 元；两个行业在职职工平均工资差距为 47892 元。平均工资最高的行业与最低的行业之间的收入差距在拉大。

从各行业整体情况来看，在职职工平均工资较高的行业为金融业，电力、燃气及水的生产和供应业，教育行业和采矿业；在职职工平均工资较低的行业有以住宿和餐饮业、农林牧渔业、居民修理和其他服务业等为代表的劳动密集型、低技术要求行业；两类行业之间的差距较大。

（三）居民收入增长缓慢导致内需严重不足

2014 年，内蒙古农牧民的纯收入为 5532 元，城市人均收入可以达到 17898 元，分别低于全国平均水平 389 元和 1411 元，虽分别比上年实际增长 11.7% 和 12%，但扣除物价因素，则远低于全区地区生产总值 14.9% 的增速。2007—2011 年，全区地区生产总值年增长率为 17.5%，相比较 2000—2005 年，增长速度加快 0.5 个百分点。2007—2011 年，内蒙古城市居民收入增长了 14.2%，农村居民收入增长了 13.4%，也低于地区生产总值的增长速度，也低于内蒙古经济增长水平。2012—2016 年，内蒙古地区生产总值年均增长率为 8.68%，城镇居民人均可支配收入年均增长率为 9.64%，农牧民人均纯收入年均增长率为 10.84%。但城镇居民人均可支配收入和农牧民人均纯收入增长乏力，增长率的降幅较全区地区生产总值增长率的降幅更大。内蒙古居民收入增长缓慢，物价水平又一直偏高，很难拉动需求，对经济发展极度不利。当然，内蒙古城市和牧区的差距拉大，不仅仅体现在收入水平上，更多体现在社会事业和公共服务上。

六、教科文卫财政支出占比较小且落后于全国平均水平

由表 4－21 可以看出，2001—2016 年，全国、内蒙古自治区的教科文卫财政支出上整体呈现出持续增加态势，全国教科文卫财政支出在国内生产总值中所占比重处于 4.49%～6.85%，而内蒙古自治区教科文卫财政支出在地区生产总值中的比重处于 2.97%～5.19%。

表 4－21　内蒙古和全国教科文卫财政支出及其占地区生产总值的比重

年份	内蒙古自治区		全国	
	教科文卫财政支出/万元	教科文卫财政支出占地区生产总值比重/%	教科文卫财政支出/亿元	教科文卫财政支出占 GDP 比重/%
2001	43.13	3.13	—	—
2002	46.67	3.03	—	—
2003	62.71	3.66	—	—
2004	71.75	3.70	—	—
2005	83.67	3.50	—	—
2006	98.23	3.23	—	—
2007	116.34	2.97	12146.62	4.49
2008	143.97	3.01	15473.99	4.84
2009	313.21	3.66	19101.60	5.47
2010	411.81	4.23	23093.60	5.59
2011	652.28	4.54	28648.22	5.85
2012	732.69	4.61	35208.19	6.52
2013	772.58	4.57	37910.35	6.37
2014	830.32	4.67	41224.48	6.40
2015	925.21	5.19	47164.27	6.84
2016	961.23	5.16	50958.68	6.85

数据来源：历年《内蒙古统计年鉴》《中国统计年鉴》。

2007—2016 年，内蒙古自治区教科文卫财政支出占地区生产总值的比重，均低于全国平均水平，2007 年低 1.52 个百分点，2016 年低 1.69 个百分点。

同时，内蒙古的研究发展经费投入占地区生产总值的比重，远远低于全国的平均水平。科研投入明显不足，必然会影响企业的技术。人力资本

开发不足也是制约内蒙古经济增长方式转变的重要因素。这就说明内蒙古自治区在经济增长过程中，科研、教育以及人力资本的投入还不够。

七、服务业占生产总值比重偏低

从内蒙古三次产业结构的比重看，2011 年三次产业结构的比例为 13. 6∶48. 8∶37. 7，2019 年为 10. 8∶39. 6∶49. 6。从 2011—2019 年总体产业结构的变化可以看出，第一产业、第三产业的比重由降转增，第二产业的比重由增转降（见表 4 – 22）。

表 4 – 22　内蒙古三次产业结构

年份	三次产业结构
2011	13. 6∶48. 8∶37. 7
2012	12. 5∶51. 8∶35. 7
2013	11. 7∶55. 0∶33. 3
2014	9. 5∶52. 5∶38. 0
2015	9. 5∶54. 6∶35. 9
2016	8. 8∶48. 7∶42. 5
2017	11. 1∶39. 4∶49. 5
2018	10. 8∶39. 4∶49. 9
2019	10. 8∶39. 6∶49. 6

数据来源：历年《内蒙古统计年鉴》。

从产业之间的对比来看，农业发展基础薄弱、生产增速低、技术发展落后于经济增长、没有形成集约化劳动，整体滞后于经济的发展水平。以资源开发的高消耗扩张来推动经济的增长，必然会使行业的结构发展出现比例失衡。

统计资料显示：2005—2014 年，内蒙古自治区第三产业累计完成投资 12461. 35 亿元，第三产业投资占全部投资的比重为 41. 6%，比全国平均水平低 12. 1 个百分点。从工业结构来看，以矿产资源开发为基础的劳动密集型产业仍占较高的比重，高新技术产业所占比重很低，大都是技术含量低、附加值低的一些加工产业，整体的加工水平落后，缺少技能和人才，制造业不发达，设备不能自给自足，很多都需要进口，成本大、收益低。

采用高耗能、高污染的生产方式，企业竞争能力差，缺少龙头产品，缺少发展规划，经济增长的粗放度就更高。

八、城镇化发展相对滞后

2000—2020 年，内蒙古自治区市镇绝对人口数量在逐渐增加，而乡村绝对人口数量在逐渐减少。从人口绝对数量来看，2000 年年底内蒙古总人口为 2372. 4 万人，其中市镇人口为 1001. 1 万人，乡村人口为 1371. 3 万人，城镇化率为 42. 2%；到 2020 年年底时，内蒙古总人口为 2405 万人，其中市镇人口增至 1623 万人，乡村人口减少至 782 万人，城镇化率达到 67. 48%。内蒙古城镇化率高于全国平均水平，但大都是外来矿产作业的务工人员被计入了城镇人口。

根据可查询的数据，2000—2010 年，内蒙古人口自然增长为 99. 8 万人，这 11 年中大约有 321 万人由乡村转移到城镇。但因内蒙古城市规模普遍偏小，公共服务缺失，产业单一，以工矿业为主，缺乏带动第三产业的能力，缺乏转型路径。

九、资本的高收益导致居民消费上涨

在资源开发区，一方面，居民不得不承受资源开发带来的环境污染；另一方面，矿区开采的程度加深也会造成当地物价水平升高，物价升高会造成居民实际收入下降，生活水平变低，损害人们的利益。

高速投资会产生投资拉动的通货膨胀。投资的增长会使生产大幅度增加，当原材料和资源出现紧缺的时候就会造成成本的上涨、从而导致价格的普遍上涨，进一步导致居民消费的普遍上涨、实际收入下降。鄂尔多斯市居民消费价格指数近年来处于持续上升态势。2009 年，全市商品零售价格指数 1—6 月累计比 99. 3%，食品类 100. 8%，居民消费价格指数 1—6 月累计比 99. 9%，食品类 100. 4%。食物价格的上涨会直接提高人们的生活成本，导致除去食物的可支配收入下降，使人们感到其他日常品价格上升。

（一）资源资产化的经济削弱社会容纳力

如图4－4，2001—2016年，鄂尔多斯的制造业占工业总产值的比重逐年下降，采矿业占工业总产值的比重在2008年达到最高值后到2016年稍微下降。2001年鄂尔多斯制造业占工业总产值的比重为49.3%，采矿业占工业总产值的比重为30%。2008年鄂尔多斯制造业占工业总产值的比重直线下降至25.6%，而采矿业占工业增加值的比重达到59%。2016年制造业占工业总产值的比重进一步降低至17.6%，而采矿业占工业总产值的比重降至48.6%。鄂尔多斯的纺织业原来是竞争力最强的行业，但是因为物价上涨，成本上升，收益下降，失去了竞争优势。2001年纺织业占工业总产值的比重为28.1%，到2008年时降至6.8%，2016年时低至1.6%。其中，2001年纺织业在制造业中的比重为59.1%，到2008年下降为11.5%，8年间下降了47.6个百分点，至今仍呈下降态势。

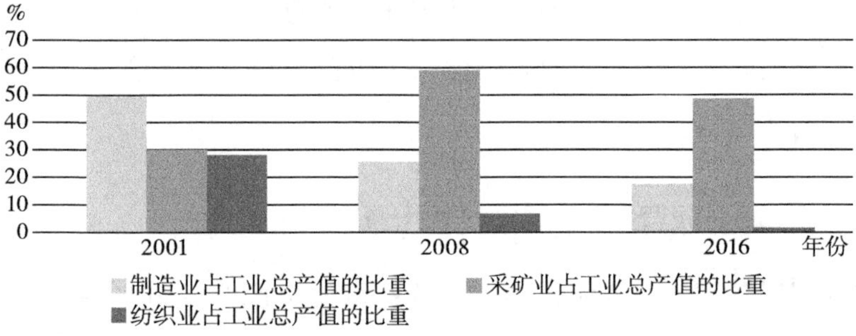

图4－4　鄂尔多斯市制造业、纺织业、采矿业占工业总产值比重

数据来源：历年鄂尔多斯市统计年鉴。

部分纺织企业在发展过程中亏损倒闭，企业数量急剧减少，而更多的小型企业则纷纷转产。这使得羊绒产业的上游产业——草原畜牧业受到致命打击。从2009—2012年在内蒙古中西部典型牧区的调研中发现，牧民的山羊的存栏数大幅度下降，既影响了内蒙古民族工业的发展，也不利于草原生态系统的进展演替，不利于当地传统文化的传承和发展，不利于拥有较大社会容纳力的劳动密集型产业的健康持续发展。

（二）采矿业的暴利客观上形成了对其他产业的挤出效应

内蒙古产业结构配置不合理会使主导行业挤占其他行业的发展空间。产业间转换的动力是行业的利益差，利益差越大，就越容易使利润收益低的行业向利润收益高的行业转化。由于资源开发的利润远远高于其他行业，其他行业不断向采矿业转化，最终造成其他行业，尤其是服务业萎缩，采矿业膨胀，资源被过度开发。煤炭业、房地产开发的暴利使得大量产业要素过度流入，排挤了其他行业的投资，使得内蒙古自治区长期产业结构调整困难。

十、资源开发拉动经济增长的方式不利于宏观经济协调发展

以内蒙古资源型城市乌海市为例（见表4－23）。乌海市作为内蒙古西部资源型城市之一，投资拉动经济表现得尤为突出。“十五”期间，乌海市固定资产投资额从20.35亿元增至90.27亿元，占地区生产总值的比重由43.71%增至74.09%，增加了30.38个百分点。社会消费品零售总额从15.28亿元增加到28.97亿元，占地区生产总值的比重由32.82%减少至23.78%，降低了9.04个百分点。

“十一五”期间，乌海市固定资产投资额从61.64亿元增加到238.72亿元，占地区生产总值的比重由40.39%增加到60.01%，增加了19.62个百分点。社会消费品零售总额从33.78亿元增加到71.69亿元，占地区生产总值的比重由22.13%减少至18.32%，降低了8.81个百分点。“十一五”期间，乌海市地区生产总值是“十五”期末的3.24倍，年均增长26.5%；固定资产投资是“十五”期间的2.6倍，超过“十一五”前历年投资总和。

“十二五”期间，乌海市地区生产总值从475亿元增加到559.83亿元，增加了0.18倍，固定资产投资额从286.9亿元增加到398.64亿元，增加了0.39倍，社会消费品零售总额从86.12亿元增加到139.06亿元，增加了0.61倍。固定资产投资额、社会消费品零售总额占地区生产总值的比重分别由60.4%、18.13%增至71.21%、24.84%。“十二五”期间，乌

海市地区生产总值比“十一五”末增加269.52亿元，年均增长11.6%。社会消费品零售总额比“十一五”末增长94%。全社会固定资产投资累计完成1800亿元，是“十一五”期间的2.7倍。

但同时，2001—2016年，乌海市固定资产投资额在地区生产总值中的比重一直比较高，而社会消费品零售总额在地区生产总值中的比重则徘徊在20%左右。虽然出口额只查到两年的数据，但也可以看出，出口对地区生产总值的拉动作用是不稳定的。

表4-23　乌海市地区生产总值、固定资产投资额、社会消费品零售总额增长情况

年份	2001	2005	2006	2010	2011	2015	2016
地区生产总值/亿元	46.56	121.84	152.62	391.36	475	559.83	572.23
地区生产总值增长率/%	14.47	30.21	25.26	25	22	7.5	6.8
固定资产投资额/亿元	20.35	90.27	61.64	238.72	286.9	398.64	165.12
固定资产投资额增长率/%	67.74	27.55	-31.72%	31%	20%	13.2	5.2
社会消费品零售总额/亿元	15.28	28.97	33.78	71.69	86.12	139.06	151.93
社会消费品零售总额增长率/%	16.2	17.96	16.6	18.5	18	7.4	9.3
出口额/万美元	—	—	—	—	351	—	8920
出口额增长率/%	—	—	—	—	0.57	—	97.1

数据来源：乌海市历年统计年鉴。

乌海市这种依靠投资拉动的粗放型经济发展模式，在宏观政策变化时，更容易导致经济的剧烈波动，影响经济的可持续发展。乌海市的这种经济增长方式及产业结构，很难扭转目前消费拉动经济能力较弱的状况。这种单一的经济增长方式，不利于区域经济协调发展。例如，2005年工业占地区生产总值的比重为65%，而服务业占比仅为34%。传统服务业在三个产业之中应该占据较大的比重，中间产品的生产是社会应该着重培养的方向。一般来说，发达国家的生产服务业占服务业增加值的比重通常达到30%以上，而现在乌海市只有10%左右。

第五章　内蒙古牧区新型城镇化[①]

我国于2011年城镇化率首超50%后，城镇化进程进入关键时期，“新型城镇化”已成为当前国家发展建设的核心战略。新型城镇化的核心理念是“以人为本”，满足人的需要和提高人的素质技能。城镇化是现代化的必经之路，能“让人生活更美好”。在中国区域发展不平衡的现实条件下，哪些地区、哪些城市率先营造出先进产业发展所需要的人力资本和要素环境，投资者就会“用脚投票”，为这些地区送去新型产业投资和发展的机会。内蒙古牧区要抓住机遇，发挥政策、资源、地缘等优势，探索出一条适合牧区发展现实的新型城镇化发展道路，积极稳妥、扎实有序地推进城镇化，增进各族人民福祉，筑牢我国北方安全屏障，建设民族团结、经济繁荣、社会进步、边疆稳定的民族自治区。

第一节　内蒙古牧区城镇化发展现状

内蒙古是以畜牧业为发展基础的民族自治区，牧区是全国重要的畜牧业生产基地，牧区生态环境关系到国家的生态安全，牧区经济社会发展关系到祖国边疆安全、民族和谐稳定，牧区城镇化是牧区迈向现代化的必然趋势。

内蒙古共有101个旗、县、市、区。其中有26个城区、34个纯牧业旗县、20个半农半牧旗县、21个农业旗县。除了26个城区和21个农业旗

① 本章内容引用了贾晓华著作《内蒙古牧区城镇化发展研究》部分内容。

县外，有54个旗县为以牧业为主或兼农兼牧。内蒙古34个纯牧业旗县、20个半农半牧旗县分布在10个盟市中（见表5－1）。

表5－1　内蒙古自治区各盟市纯牧业旗县、半农半牧旗县情况

盟市	纯牧业旗县		半农半牧旗县	
	数量/个	名称	数量/个	名称
呼伦贝尔市	4	新巴尔虎右旗、新巴尔虎左旗、鄂温克旗、陈巴尔虎旗	3	阿荣旗、莫力达瓦达斡尔族自治旗、扎兰屯市
兴安盟	1	科右中旗	3	科尔沁右翼前旗、突泉县、扎赉特旗
通辽市	3	科左中旗、科左后旗、扎鲁特旗	4	开鲁县、科尔沁区、库伦旗、奈曼旗
赤峰市	5	阿鲁科尔沁旗、巴林右旗、翁牛特旗、巴林左旗、克什克腾旗	2	敖汉旗、林西县
锡林郭勒盟	10	锡林浩特市、阿巴嘎旗、苏尼特左旗、苏尼特右旗、正镶白旗、镶黄旗、正蓝旗、东乌珠穆沁旗、西乌珠穆沁旗、乌拉盖管理区	1	太仆寺旗
乌兰察布市	1	四子王旗	2	察哈尔右翼后旗、察哈尔右翼中旗
包头市	1	达尔罕茂明安联合旗	0	
鄂尔多斯市	4	鄂托克前旗、鄂托克旗、杭锦旗、乌审旗	3	达拉特旗、伊金霍洛旗、准格尔旗
巴彦淖尔市	2	乌拉特中旗、乌拉特后旗	2	磴口县、乌拉特前旗
阿拉善盟	3	阿拉善左旗、阿拉善右旗、额济纳旗	0	

从表5－1可知，呼伦贝尔市有4个纯牧业旗县和3个半农半牧旗县，兴安盟有1个纯牧业旗县和3个半农半牧旗县，通辽市有3个纯牧业旗县和4个半农半牧旗县，赤峰市有5个纯牧业旗县和2个半农半牧旗县，锡林郭勒盟有10个纯牧业旗县和1个半农半牧旗县，乌兰察布市有1个纯牧业旗县和2个半农半牧旗县，包头市有1个纯牧业旗县，鄂尔多斯市有4个纯牧业旗县和3个半农半牧旗县，巴彦淖尔市有2个纯牧业旗县和2个

半农半牧旗县，阿拉善盟有3个纯牧业旗县。从数量上看，锡林郭勒盟、呼伦贝尔市、通辽市、赤峰市、鄂尔多斯市属于牧业旗县较多的盟市。

第二节　内蒙古牧区城镇化问题的形成机理

一、内蒙古牧区空间分布广，区域发展差异大

内蒙古牧区横跨东北、华北、西北三大区。内蒙古的地形主要有荒漠、草原化荒漠、典型草原、森林草原和荒漠草原。其中面积最大的为典型草原，占内蒙古总面积的1/3，为内蒙古畜牧业的发展提供了良好的条件；面积占内蒙古10%左右的是草甸草原和荒漠草原，其中荒漠草原地区降水较少，比较干旱，而呼伦贝尔高平原东部和锡林郭勒高平原东端主要是草甸草原，那里植被茂盛、降水较多，是畜牧业的场地之一；荒漠草原的西部地区为草原化荒漠，是这五种类型中占地面积最少的类型，仅占有不到10%的土地，降水稀少；阿拉善盟西北部和西部地区为荒漠区，植被稀少，气候并不湿润，占有20%左右的面积。因自然条件差异巨大，牧区各旗县矿产资源、水资源、旅游资源的地区分布并不均衡。其中植被比较茂盛的是大兴安岭地区，降水众多，森林茂盛，拥有的动植物数量、种类比较多；粮食的种植区主要位于黄河岸边、阴山和大兴安岭东部，该地区主要的特点是地势起伏不大，拥有较多的水源，在农业种植方面占有比较有利的条件；沙漠，如腾格里、库布其和巴丹吉林等，主要位于内蒙古高原的西部地区，农牧业资源较为缺乏。矿产资源分布与草原畜牧业资源分布几乎重合。

内蒙古牧区地理跨度大，导致牧区发展不平衡。牧区东部地区畜牧业、种植养殖业优势明显，其中通辽市、呼伦贝尔市、赤峰市三盟市牧业总产值占到了全区牧业总产值的38.1%，三盟市种植业总产值占全区农业总产值的52.9%，占比最高。同时，城镇密度低，给城镇化带来了建设成本高、集聚困难等一系列难题。牧区公路建设成本远远超过沿海和

内陆发达地区，旗县之间、苏木镇之间公路网络通达度不足，即使是建成路，公路技术等级也偏低。牧区地处边疆，气候寒冷，冬季漫长，不仅水、电、气、热、通信等市政基础建设投资成本高，为了达到防寒保暖的要求，牧区的住房建设投资更远远高于纬度低、气候条件好的城镇。牧区数量多、规模小且布局分散的小城镇分散了资源投入力量，基础设施建设资金不足，建设不完善，弱化了规模集聚效应，在一定程度上限制了城镇功能的发挥。

牧区小城镇还存在运营成本高、管理跟不上等问题。近年来，内蒙古通过“十个全覆盖”工程加大了新牧区城镇建设力度，在牧区城镇建设了必备的基础设施和教育、卫生、文化、体育等公共服务设施。但由于牧区人口少，形不成规模效益，设施服务半径大，服务成本增加，运营成本高，管理跟不上，导致有些旗县和苏木镇的设施无法正常运营。通过对呼伦贝尔市牧业4旗的调查，旗城关镇即使建成污水处理厂、垃圾处理场，也没有企业愿意承包，只有靠政府补贴才能勉强维持运营，给地方财政造成较大压力。文化室、卫生室冬季取暖成了村委会的难题。金融机构在牧区设立营业网点，由于业务相对较少、运营成本过高，有些网点不得不撤销，进而导致了牧区融资渠道不畅的问题。总之，牧区城镇建设和管理一直在低水平徘徊，硬件设施落后的投资环境使企业想投资又望而却步，加剧了地方财力无法支撑的恶性循环状态。牧区城镇建设投资大，现行财税分配制度下财权与事权不匹配，需要地方配套资金的比例过大，地方财力远远跟不上城镇化建设的速度，制约了牧区城镇人口的聚集和服务业的发展。

牧区自然环境和生态本底条件的差异，造成了牧区城镇化发展基础的不均衡性，也加剧了城镇化建设的难度和牧区城镇人口集聚的复杂程度。

二、内蒙古牧区资源禀赋好，生态环境脆弱

首先，内蒙古牧区农牧业优良品种资源和草原资源相较其他地区有比较明显的优势。在我国，畜牧业的发展离不开草原，同样，草原也可在一定程度上改善我国的环境，在蓄水方面更发挥了重要作用；生态、休闲和

生产功能是草原所具备的基本功能。内蒙古具备农、牧、林多种经济特色与其草原的发展是分不开的，草原还为其旅游业的发展提供了重要推动力，为各地区的发展提供了资源条件。

其次，内蒙古牧区矿产资源更加富集。全区已发现近140种矿物，其中一半的矿物产量在全国位居前列。内蒙古的煤炭储量在全国各省份中是最多的；风能资源储量占全国的50%；天然气探明储量超过1万亿立方米。另外，储量居全国首位的资源还有银、铅等。新中国成立不久，国家在内蒙古牧区有计划地布局了钢铁、煤炭、有色金属等企业，为国家早期的经济建设发挥了重要的作用，提供了大量的资源类产品，积累了财富。这些企业的蓬勃发展，促进了当地人口的集聚，诞生了一大批以开发利用当地资源为主导产业的城市，加快了内蒙古城镇体系格局的形成。

最后，内蒙古牧区生态区位独特，是黄河、辽河、嫩江等河流的上中游或源头。草原大多属于干旱半干旱草原，再加上人为不合理干扰，生态环境非常脆弱。在2010年，内蒙古大部分草原开始出现退化、沙化、盐碱化的“三化”问题，其中占比最大的是轻度“三化”面积，约占30%，重度“三化”面积占比较少，不到10%。内蒙古土地荒漠化、沙化问题也越来越严重，全区荒漠化土地占比已经超过50%，沙化土地面积占比也超过30%，导致风沙活动频繁，土地沙化、退化严重。牧区大多数区域在国家主体功能规划中都是限制或禁止开发区。

牧区城镇化必须在保护生态环境的基础上对资源进行合理利用，解决好资源开发和生态环境保护的矛盾是牧区城镇化必须面对的重要问题。

三、“三牧”问题制约内蒙古牧区城镇化发展

（一）牧业问题

1. 农牧业产业化经营规模小，农畜产品加工不精深

畜牧业发展受到小规模、粗放型生产方式的限制。随着草畜双承包制度的深入，草原确权工作已基本完成，内蒙古牧区广大草原已经基本全部承包到户。以草原共有为基础的游牧生产方式失去了存在的基础，原有的

游牧生活方式逐步消失，取而代之的是小范围的轮牧以及圈养舍饲的畜牧方式。牲畜原本依靠空间转移而获取的食物、水等转而变为了人工饲喂。由于饲料地产量不足，很多牧户还需要外购大量草料、饲料。牲畜圈养之后额外付出的资金、人力成本，在一定程度上加重了牧民家庭的负担。草地资源受到各种因素的影响，如市场化、草原分割等，一方面无法被充分利用，另一方面一定程度上使牧民的经济收入减少，无法充分发挥自然资源的作用，给社会造成一定的损失。能够被牧民使用的自然资源越来越少，导致牧民的经济收入越来越低，提高了畜牧业这一行业的不稳定性。

2. 农畜产品加工层次低，农畜产品在结构方面存在缺陷

主要表现为一般档次的农畜产品销售数量减少和高档农畜产品相对紧缺。内蒙古牧区仍有近六成的牛奶、羊肉及近七成的牛肉来自小规模的分散饲养，有近40%的农牧户没有进入产业化经营链条，农畜产品加工落后。一般情况下，农畜产品没有经过深层次的加工，销售的产品比较低级，在产业链方面发展还不完善。发达国家农畜产品加工业产值与农业产值之比大都在2.0∶1～3.7∶1，而内蒙古牧区平均只有0.23∶1。与国内发达地区相比，牧区畜产品加工、保鲜、包装、储运等也仍然存在较大差距，影响了农牧业产业链的延伸。如2013年内蒙古牧区乳制品产量达到300.92万吨，占全国的11.2%，居首位，但其中90.7%是普通液体奶，高端产品比较少。随着社会的进步与发展，人们对食品的要求也越来越高，内蒙古牧区的农畜产品并不能满足人们日益增长的需要。

（二）牧区产业结构问题

1. 工业化速度加快，给资源环境承载带来压力

近年来，内蒙古牧区工业化速度明显加快，同质化发展问题突出。内蒙古牧区工业总产值占全自治区的比重为25%，轻重工业比由21世纪初的39∶61持续扩大到2013年的30∶70。采掘业在工业中所占份额由12%以下迅速发展到30%以上，对其他行业形成了较为明显的“挤出效应”。由于过分依赖资源性产业，煤炭开采、煤炭加工、煤化工、煤制油气、煤电、煤电铝等已经成为内蒙古的主导产业。大规模点状式的煤炭、矿产资

源开发，已经对牧区生态环境造成破坏。内蒙古牧区的矿产资源分布与畜牧业优势地区几乎重合。资源型产业与畜牧业发展之间的矛盾尤为突出，资源型地区产业重型化与水资源短缺的矛盾凸显，使生态用水安全得不到保证，环境容量承载压力较大。

2. 牧区第三产业发展不足，制约牧区经济整体提升

牧区服务业发展滞后，在全部产值构成中的比重不升反降，已经由21世纪初的39.3%下降至2013年的36.5%，对经济增长的贡献率仅为27.7%，分别低于全国平均水平9.6个和21.3个百分点。

与畜牧业相关的物流服务体系严重缺失。内蒙古牧区作为国家绿色农畜产品加工等基地，对物流服务的需求逐年增大。近年来内蒙古交通事业发展迅速，建设了一批农畜产品市场及冷链系统，初步形成了粮油、瓜果、蔬菜、肉禽蛋等农畜产品物流体系。但与畜牧业相关的物流服务体系还存在不足。第一，物流服务基础设施缺口大。目前主要的公路通车里程集中于县乡以上的公路交通，而贴近畜牧业产品运输的县道、乡道、村道发展缓慢。各类物流园区大都围绕在工业园区和大城市周边，为畜牧产品专门设置的物流园区有限。第二，畜牧业专业化物流服务技术和设施建设严重不足。目前内蒙古牧区产品物流服务以常温物流或自然物流形式为主，难以适应畜产品保鲜或者冷链物流的需求；畜产品专用仓库（如低温库、冷藏库、立体仓库）等严重短缺，导致畜产品储藏不力的巨大损失；装卸搬运的机械化水平较低，大多数还靠手工操作，更难以应对畜产品季节性、周期性特征。第三，畜牧业整体物流管理落后，信息化程度低。目前牧区畜产品市场在信息化方面发展并不完善，并不能充分满足人们的需求，市场上信息设备的配备较少，虽然已经建设了一部分信息网、物流网，但设施覆盖面不足，也缺乏指导性、实用性的信息供给，尤其缺少直接为牧民服务的中介组织，不能为牧民提供专业技术、信息咨询及生产经营的服务。

旅游产业潜力较大，但发展品质不高。内蒙古牧区地域辽阔，自然景观丰富多样。近年来，内蒙古旅游业发展迅速，已经形成了以草原观光、民俗体验、沙漠休闲、森林生态与边境旅游为主体的特色旅游产品体系，

旅游产业外汇收入稳步增长。但对牧区而言，旅游产业发展水平仍然较低，旅游线路缺乏规划，旅游产业链也未形成，潜力挖掘不足。主要体现在以下几个方面。第一，牧区旅游产业体系分散。内蒙古牧区以景区经济为主导的传统旅游业没能为农牧民增收提供充足动力，以村镇为主体的乡村旅游游离于主流体系之外，不能配备充足的设施。第二，牧区旅游产业形式低端。目前内蒙古牧区旅游方式以农家乐为主，产品相似度较高，对牧区旅游的文化内涵挖掘不足，在行、游、住、食、购、娱完整产业链条中的延伸有限，形式单一、品质不高、消费群体覆盖面不足，难以获得持续高效的收益。第三，牧区旅游产业设施匮乏。内蒙古牧区道路设施、停车设施、市政配套设施、通信设施、住宿接待设施等关乎旅游产品品质提高的关键设施严重不足，影响了牧区旅游资源的开发，阻碍了牧区旅游产业的发展。第四，牧区旅游产业发展缺乏资源保护意识。农牧民思想观念和保护意识受限，牧区旅游资源的开发模式缺乏可持续性，甚至出现了一些旅游开发过程中破坏资源、污染环境的现象。

（三）牧区民生保障问题

1. 牧区基础设施和公共服务能力亟待改善

内蒙古从2000年开始，大力发展基础设施建设，为牧民提供良好的居住环境，改善牧民的生活，以居住、水、电、路为代表的牧区基础设施提升明显，然而基础设施投资量仍然偏低，建设质量仍然较差。牧区道路建设方面，村村通公路工程目标已基本实现，但全区公路密度分布不均，北部牧区公路密度明显低于南部和沿黄沿线地区。同时，占公路里程2/3的乡道、村道基本为三级以下公路或等外公路，进村公路、村内道路硬化不足，养护条件低。牧区供水方面，自来水受益村比例有所提升，但总比例仍不足60%，牧区仅达到30.4%。大部分农牧民的饮用水为水井水、江河湖水，基本没有进行处理，而且饮水困难，靠池塘水、雨水供给基本饮用水的村庄仍然存在。牧区电力电信建设有所改善，通电的村庄已经达到94.9%，但牧区该比例相对较低，为88.9%。

从城乡公共服务设施对比来看，牧区整体发展仍严重滞后，差距明显，服务水平偏低。教育设施方面，全区实现了普及义务教育，但是教育投入的城乡差距非常明显，教育资源分布也呈现出明显的区域不均衡现象。牧区学校基础设施不完善，居住环境有待改进，同时没有稳定的经费来源，教师数量较少，教育水平不高。医疗设施方面，2012 年牧区各旗县基本达到平均每个苏木镇有 1 个以上卫生院，但牧区卫生院的万人拥有量北高南低，旗县以下的乡镇层面的卫生机构数和床位数均未有明显的提高，乡镇卫生院的医疗水平、医疗服务人员的素质和数量已成为制约牧民生活质量提高的瓶颈。

2. 牧区人口“空心化”现象不容忽视

牧区人口流出现象显著，留在牧区的大多数为中老年人和儿童，大多数青年人选择外出打工来改善生活。另外，一些地区在牧区留守的妇女和儿童的数量也开始呈现下降趋势。牧民的文化水平比较低，大多数人对法律等没有基本的认知，因此无法采取合理的措施来维护自身的权益，一方面不利于牧区的长久发展，另一方面也不利于基层民主自治的实行。

（四）牧民问题

1. 收入水平低，增收速度慢，贫困问题严重

内蒙古牧区人口收入降低，生活水平整体下降。2013 年全区城乡收入绝对差达到 16901 元，比 2010 年的 12168 元扩大了 4733 元。城乡居民收入差距逐步扩大，导致城乡居民间的消费差距逐渐拉大。2013 年城乡居民消费支出绝对差达到 11981 元。2010—2013 年，农牧民人均纯收入在全国各省区市农牧民人均纯收入中始终处于第 15 位（但在西部地区各省区市中排名第 1），4 年均值为 7095 元，比全国平均水平少 332 元，仅相当于上海农牧民人均纯收入 4 年均值的 42%。

表 5 - 2 是对 2010—2013 年全国各省份农牧民人均可支配收入进行聚类分析的结果。可以看出，全国农牧民按收入可分为五类，其中内蒙古农牧民人均可支配收入在全国居于中等水平。在牧民中，约有 1/5 为贫困牧民，大多数为少数民族。由于生态脆弱，干旱、病虫鼠害、沙尘暴、冰雪等自然灾害频繁发生，农牧民生存环境恶劣，生产生活条件差，导致扶贫

成果巩固难，脱贫不易返贫易。

表 5－2　全国各省份农牧民人均可支配收入聚类分析结果

程度	省份
富裕	北京、上海
比较富裕	浙江、江苏、天津
一般	内蒙古、吉林、黑龙江、河北、江西、湖北、甘肃、安徽、四川、海南
贫困	重庆、湖南
比较贫困	贵州、山西、新疆、广西、宁夏、西藏、陕西、云南、青海

2. 牧区人口受教育程度低，技能素质亟待提高

由于常年生活在草原牧区过着游牧生活，有的牧民甚至不会说汉语，无法用普通话与人沟通，有的牧民家庭以种植养殖为生，有的牧民进城打工但无法成为真正的市民，给农牧区子女的教育带来了一定不良影响。相关数据显示，牧区学校的数量较少，牧民的受教育程度远远低于其他地区。牧民要么认为读书无用，要么寄希望于子女上大学后尽早脱离牧区，改变家庭现状。

由于牧区教育资源并不分布于农村，因此牧民子女只能去城镇学校学习。要培养一名大学生，牧民每年大约需要花费 15 万元，培养一名中学生的费用每年约为 8000 元。培养的大学生又不愿意再回牧区创业，使牧区优质劳动力资源更加缺乏，长此以往牧区和城镇的差距将会更大，牧区将更加贫穷落后。

第三节　内蒙古牧区新型城镇化的发展策略

内蒙古牧区新型城镇化要以“人的城镇化”为核心，在指导理念上由重物向重人转变，在区域协调上由城乡分割向城乡一体转变，在发展方式上由粗放低端向集约创新转变，在城镇建设上由扩空间向注重提功能转变；在发展策略上实行牧区产业特色化、城镇布局集约化、牧区发展差异化、城镇建设个性化，走具有牧区特色的新型城镇化道路。

一、牧区新型城镇化目标导向

内蒙古牧区新型城镇化目标为以“人的城镇化”为核心，坚持生态优先理念，适应资源环境承载力和生态安全格局，缩小城乡差距，统筹城乡发展，促进大中小城市、城镇和农村牧区互动协调发展，构建功能清晰、生态宜居、传承文化的新型城乡关系，完善基本公共服务体系，推进农牧业转移人口市民化，实现具有牧区特色的新型城镇化。

（一）牧区产业特色化，形成与新型城镇化相适应的产业支撑体系

内蒙古牧区要从培育和壮大牧区特色产业入手，增强城镇化的产业支撑能力。立足多种资源优势和产业基础优势，把握结构调整方向、产业政策导向和技术创新趋向，围绕提高资源就地转化率、产品精深加工度和产业市场竞争力，在更高层次、更高水平上推动特色优势产业发展。要增强三次产业发展的协同性和产业内部结构的协调性，坚持通过工业发展带动农牧业发展、通过城市带动周围乡镇发展的方针，在城乡同步推进信息化、现代化，推动城镇化和农牧业现代化相互协调。

1. 牧区要转变农牧业发展方式，发展现代农牧业

以绿色、生态、优质、高效、安全为方向，推动自然放牧向建设养畜、分散经营向规模经营转变，健全农牧业社会化服务体系，加快推进传统畜牧业转型升级。牧区要充分发挥地理位置及自然环境的优势，针对地区特点选择不同发展方式，顺应市场需求。在绿色农牧业、生态农牧业的发展方面投入更多精力，提升市场竞争力。加大力度发展优势产业，使优势产业形成较大规模，提高产业的专业水平。推动产业区域化，建设重点产品生产区域，通过一部分地区的发展带动其他地区的发展。调整优化畜牧业结构，抓好畜禽品种改良，加快建设一批奶牛、肉牛、肉羊和生猪优势产业带，加快推进畜牧业发展方式转变。重点发展农区畜牧业，促进种养结合、农牧互补，加快推进现代畜牧经济发展。

2. 城镇要提高战略性新兴产业比重

工业要由“偏重”结构向构建现代产业体系深度调整。以推进资源转

化增值为重点，打造优势特色产业，延长产业链条，推进传统产业新型化、新型产业规模化。通过产业集聚繁荣城镇经济，建立规模大、发展程度高、竞争力强的产业群，推进城镇化进程，带动地区经济发展。同时，顺应时代发展，对传统企业进行改革升级，积极采用新的科学技术，引入先进的管理理念，推动冶金、农畜产品加工等传统产业与新材料、生物科技等新型产业均衡发展。

3. 发展现代服务业

加快发展旅游、物流、文化、金融、信息等服务业，依托煤炭、稀土、化工、农畜产品等资源产品优势和口岸优势，着力建设一批地处交通要道的城市，将其建设成全国性的交易中心，推进物流业专业化、规模化、集约化发展。以提升全社会信息化水平和推进“两化融合”为目标，以建设国家重要的云计算基地和数据中心为契机，发展信息服务业，打造国家级云计算中心。商务服务业应和快速提高的城乡居民收入相匹配，继续调整批发、零售、连锁超市、专业市场、集贸市场等商贸流通业态，鼓励发展社区服务业，支持发展健康、养老、家政等新兴行业。发展文化旅游业，充分利用地区特色的旅游资源，如草原、森林、沙漠等，设计合理的旅游线路来吸引国内外的游客。同时集中力量开发旅游产品，加强形象宣传力度，进而扩大旅游业的影响力。在旅游业发展过程中加入更多文化元素，增加旅游业的内涵。发展壮大当地金融机构，建立合理完善的资本体系，增强金融机构的负债能力，为牧区城镇化提供资金上的支持。

（二）城镇布局集约化，形成与生态环境相适应的新型城镇化空间格局

内蒙古牧区空间发展要根据主体功能定位确定牧区开发的主体内容和发展的主要任务，在不破坏生态平衡的前提下，适度开发，形成生产集约高效、生活空间舒适宜居、生态空间山清水秀的空间发展格局。同时，根据各区域发展条件和现状差异大的特点，分区分类采用不同的城镇化引导思路和建设要求，缩小城乡差距，统筹城乡发展，逐步构建地区协调发展一体化的新格局。

1. 落实国家和自治区主体功能区规划

将各旗县市区划分为重点开发区和限制开发区。列入重点生态功能区的牧区，应该严格按照该区域的主体功能定位进行农牧业生产，在保证生态环境不被破坏的前提下，为国家生产更多安全健康的农畜产品。有些旗县市区，即使能源和矿产资源富集，但由于生态系统比较脆弱，生态功能更加重要，不适宜进行大规模高强度的工业化、城镇化开发，就要充分考虑其资源环境中的“短板”，在保护生态环境的前提下，确定适宜的人口规模，选择合理的经济结构，坚持“点上开发、面上保护”的原则，有节制地开发，保持适当的开发强度。

2. 牧区要按照草原生态保护的需要划定“红线”

结合草原补奖机制、天然草原退牧还草工程、沙源治理工程等草原保护建设重点建设项目，提升人工草地面积和牧草生产能力，提高舍饲圈养比重，减轻牲畜对天然草场的压力。

3. 编制“多规合一”的城乡空间布局蓝图

统筹实现国民经济发展规划、城乡规划、土地利用规划、环境保护规划一体化。根据资源环境承载能力进行城镇布局和建设，合理引导生态环境脆弱地区和禁止建设区内的农牧区人口转移，引导农牧民有序向城镇转移。重点推进城市群、重要城镇地区和地区中心城市的集群化发展，推动产业向重点园区集聚，实现人口、产业的同步集聚。建设资源节约型社会，按照节能减排和总量控制目标，改善城镇人居环境，提升水资源、土地资源节约挖潜水平和效率，优化城镇用地结构和布局，提高城镇和产业发展的资源保障水平。

4. 综合治理，遏制生态退化趋势

发挥“小建设，大保护，小绿洲，大生态”的作用，建设大小兴安岭水源涵养与生物多样性保护重要生态功能区、内蒙古高原防风固沙重要生态功能区，保护草原森林，保障生态屏障的安全。

（三）牧区发展差异化，形成功能清晰、协同互补的区域一体化发展格局

内蒙古牧区地域广，不同类型地区基础条件差异大，发展潜力和优势

特征明显。牧区应选择差异化的发展思路和引导措施实行分类发展、互补发展、协同发展，因地制宜地推动牧区旗县、苏木镇、嘎查村专业化、特色化发展。

1. 优化农牧业生产模式和产业结构，发展具有地方民族特色的旅游业，支持乡村传统手工业发展

对于民族特色村庄，应充分利用地区特色的旅游资源，促进当地旅游业的发展，同时加强精神文明建设，建设新型产业、创新产业，适度引进以农畜产品加工为主、无污染的劳动密集型产业。对于一般村庄，以传统优势产业为基础，推进农牧业产业结构优化进程，发挥地域优势，围绕主导产业，提高农畜产品的精深加工和转化增值能力，积极发展绿色、健康的农畜产品，提高市场竞争力。

2. 以差异化、特色化为导向，依托区位交通、自然资源、文化传统等条件，培育牧区专业特色镇

城镇宜工则工、宜商则商、宜农则农、宜牧则牧、宜游则游，形成风格各异、富有浓郁地方特色的牧区小城镇体系。强化城镇服务牧区的功能，加大基础设施、人力、物力、财力的投入力度，建设竞争力强、功能完善的商贸服务中心，推动牧区经济的现代化、信息化。建立完善的营销网络，健全营销体系，建立合理的交易渠道，使牧区的农畜产品可以畅通无阻地“进城”，城区的工业品能方便快捷地“下乡”；改善人居环境，把牧区城镇建设成辐射带动牧区发展的消费中心、生产要素集散中心、“三牧”服务中心、社会保障和公共社会服务中心。

3. 支持牧区边境旗县中心城镇发展

提升城镇对口岸发展和国际通道沿线地区的服务支撑能力，改善基础设施和公共服务设施，重点承担旅游服务、交通枢纽和商贸服务中心等职能，提高城镇辐射带动能力。依托口岸推进苏木镇的发展，提升苏木镇对口岸的服务能力，鼓励其他地区人口到边境生态环境较好、人口规模较大的苏木镇定居。推动有条件的地区发展沿边特色产业，提升对边境旅游的服务支撑能力。

4. 构建牧区合理的公共服务设施级配体系

嘎查村建设应充分尊重农牧民生产生活方式与特点，探索新型牧区村庄、现代家庭农牧场等多种形式，倾斜配置公共服务资源，改善农牧民生产生活条件。针对牧区苏木镇、嘎查村间距离远等特点，重点发展牧区客运线路，提高客运通达度和服务水平。以旅游特色村庄与风景名胜区、旅游城镇的交通为基础，着力建设方便快捷的旅游交通体系，带动当地旅游业的发展。

5. 在尊重农牧民意愿、基本实现稳定就业的前提下，鼓励农牧业人口向城镇就地、就近转移

依托县域经济发展，增加非农就业岗位，带动农牧民在旗县城镇及周边苏木镇就近、就地非农就业，鼓励适度城镇化，确保进城农牧民在居住、就业、教育、医疗和文化生活等方面享受市民化待遇。

（四）城镇建设个性化，实现牧区民族文化的传承和创新

内蒙古牧区作为少数民族聚居区，新型城镇化必须尊重地方文脉、民族特色，突出民族传统文化的保护传承和利用发展，彰显草原文化的时代价值。

牧区城镇化要弘扬草原生态文化观。生态环境是每个地区的特色，也是文化诞生发展的基础，如果过度开采破坏了生态环境，城市就会丧失原有的特色，丧失文化竞争力。以少数民族文化为特色的城市本身就是“原真性文化”“唯一性文化”和“文化资本垄断性”的综合体，天生就拥有最坚固、最显著、最鲜明、最持久的文化基因和城市象征。[①] 草原文化“崇尚自然、践行开放、恪守信义”，重视人与自然的和谐共处，生活习俗大多低碳环保，可以说，草原文化体现了新型城镇化倡导的生态意识。牧区新型城镇化要弘扬草原优秀传统文化，借鉴和吸收现代文明，注重文化传承并与现代元素相融合，推动草原文化和现代文明之间的双向结合与创新发展。

---

① 张鸿雁，房冠辛．新型城镇化视野下的少数民族特色文化城市建设[J]．民族研究，2014(1)：30.

内蒙古牧区城镇化进程中，不能忽略民族文化的保护问题。实际上，在城镇化进程中完全可以添加一些地区特色的民族文化。城镇是文化的“容器”，城镇的个性主要通过文化来体现。① 城镇建设应特别重视对历史文化遗产的保护，充分挖掘牧区地域文化内涵，注重将历史遗迹保护、传统风貌与城镇功能提升相结合，注意满足少数民族群众的特定用途。牧区建设应尊重牧区自然环境，塑造色彩丰富、季节分明的生态景观，结合当地审美习惯，形成乡土气息浓厚、自然环境整洁的嘎查村庄风貌，塑造城乡风貌特色，发展有历史记忆、民族特色、民俗风貌的美丽城镇和村庄。

内蒙古牧区要深入挖掘特色文化产业，促进文化与旅游的深度融合，扩大草原文化的影响力。民族地区的产业发展必须不断创新，核心就在于必须实现从“单一旅游产业”向“泛旅游产业集群”的转换。② 文化与旅游深度融合要以工艺品、演艺娱乐、文化旅游、文化节庆、文化展会等特色文化产业为重点领域，促进特色文化元素、传统工艺技艺与创意设计、现代科技、时代元素相结合，以“文化＋科技＋旅游”的产业新模式推进特色文化产业建设。要打造内蒙古文化品牌，深入理解特色文化的内涵，强调文化交流和文化贸易并重发展，扩大草原文化的影响力，促进传统地域文化与现代文化有机融合，提高民族文化对外开放水平。

二、牧区分类发展差异化引导策略

针对牧区地区间资源条件、发展水平和特征差异较大的现状，对不同地区采取差异化的城镇化发展路径。根据资源环境和基础设施水平的差异，对牧区各类旗县的人口城镇化转移、产业体系构建、发展模式选择、公共服务设施配置和建设标准进行分类引导，以实现对各地区城镇化发展的有效指导。

（一）东北部天然草原牧区发展策略

本地区是国家重要的生态保育地区，苏木乡镇密度约为每百平方公里

---

① 王光文．新型城镇化背景下草原文化的发展路径[J]．实践(思想理论版)，2015(1)：52.

② 房冠辛，张鸿雁．新型城镇化的核心价值与民族地区新型城镇化发展路径[J]．民族研究，2015(1)：23.

0.5 个。应以市场为导向，促进大型国有农垦企业向现代农牧业转型，加强农牧产业物流、信息服务，从提升产量向提高质量、突出特色、提升品牌等方向转化。利用区域内特色多样化的自然景观发展特色旅游产业，实现经济发展与生态保育的相互促进。从保障生态安全出发，引导人口适度集聚。有序引导林区人口转移，优先引导人口向本地旗县中心城镇转移，鼓励人口向呼伦贝尔市、乌兰浩特市等中心城市转移。通过发展旅游业、农副产品加工等具有本地特色的产业，提升本地城镇对生态保育区转移人口的吸纳能力。在牧区空间发展模式方面，针对此类旗县沿路带状分布、距离较远等特征，重点提升旗县和县级市、农牧林场、苏木乡镇设施的服务能力，并提升设施覆盖度，保障每个苏木乡镇的基本公共服务水平，对一般镇和中心村的设施根据需要予以扶持和保留。

（二）东部半农半牧区发展策略

本地区是牧区人口密度最高的地区，人口密度可达到每平方公里 100 人以上，部分地区人口密度达到 400 人/平方公里以上，平均每百平方公里苏木乡镇个数达到 2 个左右。本地区农牧产业优势明显，是内蒙古粮食主产区，但由于人口密度大，劳均耕地较少，人口转移数量巨大，且人均设施配置水平严重不足。应积极调整农牧业结构，逐步向多元化、特色化转变，发展现代农牧业。发掘和培育特色农畜产品种类，延伸产业链，引入龙头企业，提高农畜产品的科技含量，推动农畜产品加工、副食品加工、特种养殖、皮毛加工等产业发展。在调整县域产业结构、提高本地非农就业吸纳能力的同时，逐步引导人口向其他地区转移。优先引导农牧区人口向本地县城和赤峰、通辽等中心城市转移，同时引导向内蒙古西部中心城市转移，部分向东北、华北等地转移，为跨区域转移人口提供平等的就业机会和公共服务，实现转移人口稳定的城镇化。在牧区空间发展模式方面，针对此类旗县人口和城镇分布密集的特征，遵循“提量保质”的原则，依托现有重点镇、一般镇和中心村，加大设施密度，逐步满足千人指标，促进城乡公共服务水平的整体提升。

（三）中北部典型草原牧区发展策略

本地区属于典型的牧业发展区，牧区人口密度不足每平方公里 10 人，平均每百平方公里苏木乡镇个数不到0.1个。本地区农牧业人均产值较高，是内蒙古主要的畜牧牲畜和奶品制造基地。本地区人口较少，耕地数量较多，牧区人口转出压力不大，但设施配置严重不足，城市公共服务对牧区的辐射能力很弱。本地区应通过加大农牧产业补贴，实现牧场、草场的生态保育，减少矿产开采对草场的破坏，积极推进人工草场建设，在水资源条件较好地区建立人工草场。倡导畜牧业的联合经营和规模养殖，发展特色肉乳制品、毛皮加工、饲料种子等产业。在少数民族聚居地区适度恢复传统游牧形式，保护地方传统游牧文化，扶持民族特色产业，如传统手工制造业等，尊重牧民生产生活习惯，鼓励传统牧业发展。依托县域经济发展带动牧民就近就业，鼓励适度城镇化。在牧区空间发展模式方面，针对此类旗县人口稀疏、城乡居民点分散、规模较小等特征，考虑牧区民族文化、生产方式特色，按照“总体分散、适度集聚”的原则，适当保护并扶持部分嘎查村庄自身的发展，补充设置教育、医疗等重要民生设施的流动服务站，如流动卫生站、流动小学等。

（四）中部沿黄半农半牧区发展策略

本地区人口密度每平方公里100人，主要城市周边人口密度可达到每平方公里500人以上。产业发展条件较好，是内蒙古农牧业主产区之一，工业化发展优势明显。因城镇相对密集，城镇基础设施服务对牧区的辐射能力较高。本地区依托呼包鄂城市群的辐射带动，应大力发展都市型现代农牧业，政府应扶持当地的农牧业发展，着力于建设特色的农畜产品加工，扩大农牧业规模，完善相关的法律法规，构建合理的农牧业服务产业体系，探索“从田间到餐桌”的农牧产品流通服务体系。鼓励都市型牧区旅游产业的发展，鼓励体现黄河文化、西口文化特色的旅游产品发展。在部分农牧混合地区，对部分弃置耕地以及一些产量较低的土地实行退耕还草，通过粮草轮作的方式扩大优质牧草的种植面积，从而保障畜牧业养殖发展。区域内部分城镇工业基础良好，就业吸纳能力较强，应进一步依托呼包鄂城市群的带动调整产业结构，提高工业化、服务业对人口的吸纳能力，在实现本地农牧民就地转移的同时，为牧区其他区域剩余劳动力易地转移提供就业机会。在牧区空间发展模式方面，针对此类旗县人口聚集度高、城市群对牧区的辐射带动能力强的特征，应充分依托中心城市，整合城市、旗县和重点镇公共服务设施资源，形成服务城乡的公用服务设施网络，促进城乡设施的共享。

（五）西部荒漠牧区发展策略

本地区位于边境地带，地形为高平原，土地沙漠化相对严重，分布着巴丹吉林沙漠、腾格里沙漠等，生态环境较差，是不适宜人居地区。牧区人口密度不足每平方公里10人，平均每百平方公里苏木乡镇个数不到0.1个。此地区第一产业以牧业为主，但草场承载力低，退化沙化严重，牧业生产总值较低。产业结构中第二产业比例高，可达到60%以上，阿拉善左旗甚至达到80%以上。本地区人口基数不大，因此人口转出压力不大。牧区的基础设施配置水平整体偏低。该地区的生态环境恶劣，不适宜人类居住，因此应该保护、改善当地的生态环境，种植新的草场，保护、改善原有的草场，通过人工灌溉等方式恢复植被覆盖，同时适度发展沙漠旅游等特色服务产业。应继续引导人口向城镇点聚集，通过城市、城镇带动辐射，提升牧区的公共服务水平和农牧民生活品质。同时从生态安全和边疆安全角度考虑，应在有战略意义的地区保留部分规模较小的牧区居民点。在牧区空间发展模式方面，针对此类牧区人口和苏木乡镇密度低的特征，提升旗县、苏木乡镇的设施覆盖度，优先保障城关镇和人口规模较大的苏木乡镇，将其作为区域服务中心，保障每个苏木乡镇的公共服务设施水平，加强嘎查村庄与县城、苏木乡镇之间的交通联系，缩短城乡服务可达时间。

三、城镇规划建设引导策略

牧区地广人稀、生态脆弱的基本特点决定了人口集聚相对困难，不能将沿海发达地区和中部农区的城镇化模式照搬到牧区。在尊重现有城镇化发展形态的基础上，要考虑生态环境的最大容量，将城镇数量控制在一个合理的范围内，尽量选择环境容纳量大的地区建设中心城市，在环境容纳量适宜的地区建立小城镇；根据不同地区不同的生态环境，规划城镇规模，统筹大城市、小城镇的发展，构建协调发展的一体化格局；在保证城市规模及地区经济发展的前提下，发展城镇群，建立畅通的交通，通过城镇之间的联动带动整个地区的经济发展。良好的交通，可以大大减少交易过程中的物流成本，打破地区限制，通过各地区之间的合作取长补短，共享信息资源，推动地区经济的发展。

（一）一核引领，中心带动，节点支撑，集聚发展

“一核”指呼包鄂城市群核心区。呼包鄂城市群核心区以呼和浩特、包头、鄂尔多斯中心城市以及准格尔旗的薛家湾和大路为发展重点，建设国家资源型地区科学发展的示范区、祖国北部边疆亮丽风景线的先导区、我国西部地区率先实现现代化的先行区。优化空间发展，以交通同联、能源同网、金融同城、信息同享、生态同建、环境同治、服务同创为重点，推进区域一体化进程。加快产业转型升级，推动商务金融、研发创新等现代服务业发展，延伸能源产业产业链，推动先进制造业和新能源产业发展，打造具有较强区域竞争力的城市群，带动全区及周边区域发展。

“中心”指区域中心城市和地区中心城市。依托呼和浩特、包头、鄂尔多斯三个区域中心城市和呼伦贝尔、通辽、赤峰、乌兰察布、巴彦淖尔、乌海、乌兰浩特、锡林浩特、巴彦浩特等地区中心城市，以乌海“产城融合”和转型升级示范区为示范，引导人口向中心城市集聚，积极推进中心城市与周边联系紧密的旗县城关镇、产业园区、苏木乡镇形成一体化发展的都市区，推动中心城市功能逐步提升，加强基础设施对接和公共服务共享，服务和带动各产业园区发展，建立要素集聚、资源整合、环境共治和利益共享机制，发挥新增长极作用，带动各盟市整体发展。

“节点支撑”指重点加强各旗县（市）域中心城镇建设，在城镇密集地区推进城市群、都市区一体化发展，在点状发展地区带动周边发展、提升旗县（市）域的中心城镇对农村牧区的服务能力，推进城乡均衡布局。其他点状发展地区以生态安全格局为底线，依托小城市、旗县城关镇、重点城镇、口岸等各类特色节点，承接农牧业转移人口就近市民化，带动县

域经济和城乡一体化发展。完善农牧业科技服务、农畜产品物流等生产服务能力，提升教育、医疗、文化等基本生活服务水平，促进农牧业转移人口就近城镇化。

（二）分级引导，提升质量，发挥各级各类城镇功能，打造各具特色的魅力城镇

1. 区域中心城市

进一步做大做强区域中心城市，使其成为带动全区经济发展方式转型和城镇化健康发展的核心和龙头。加大开发开放力度，提升国际化程度，积极参与区域合作与竞争；加快产业转型升级，健全以先进制造业、战略性新兴产业、现代服务业为主的产业体系，着重培育金融服务、商务办公、科技创新等为区域服务的高端职能以及面向产业发展的生产性服务职能，提升产业和人口集聚能力，提升对全区发展的带动能力；进一步提升城市建设质量，在保护好历史文化街区及其周边历史风貌的基础上，推进棚户区改造，提高用地利用效率，消化存量、大力盘活闲置用地。

2. 地区中心城市

加大城区中心城市对盟市域经济发展的辐射带动作用，积极培育有条件的城市发展成为大中城市，加快推动巴彦浩特升级设市；积极培育地区服务职能，完善城市功能，壮大经济实力，在推动旧城更新和棚户区改造的同时重点完善公共服务设施和基础设施体系。

3. 旗县（市）域中心城镇和小城市

提升旗县（市）域中心城镇和小城市城镇化质量和设施服务能力，加强公共服务设施和市政基础设施建设，公共资源配置应适度向中小城市和旗县城关镇倾斜。因地制宜，结合优势资源发展特色产业，重点扶持旅游业、绿色农牧业、农畜产品加工业和边境贸易发展，支撑县域经济和新型城镇化发展。

4. 重点镇

重点镇是延伸中心城市向农村牧区提供服务的重要环节，是服务“三农”的重要载体，应完善其服务职能，重点加强覆盖农村牧区的城镇型社

会公共服务设施和市政基础设施建设，使其成为服务和带动周边农牧区发展的重点城镇。强化重点镇农村科技、信息服务、就业与社会保障、规划建设、公共文化、义务教育、医疗卫生等服务职能。各级政府应加强对重点镇的财政投入，优先用于公共服务体系发展和基础设施建设。

5. 各具特色的魅力城镇

（1）边境口岸城镇

口岸城镇地处我国沿边开放城市最前沿，内蒙古牧区有陈巴尔虎旗、新巴尔虎右旗、新巴尔虎左旗、科尔沁右翼前旗、乌拉盖管理区、东乌珠穆沁旗、阿巴嘎旗、苏尼特左旗、苏尼特右旗、四子王旗、达尔罕茂明安联合旗、乌拉特中旗、乌拉特后旗、阿拉善左旗、阿拉善右旗、额济纳旗16个边境旗县。重点支持沿边旗县口岸城镇发展，落实兴边富民行动，提高边民生活质量。依托口岸发展外向型经济，推进外贸、口岸物流业、进出口加工、外向型农畜产品深加工等产业的发展，支持设立各类海关特殊监管区，结合边境特色发展文化旅游业。依托其特殊的地理区位带来的文化特色，以展示异域风情的交流与融合为重点，优化城镇环境，完善旅游咨询、交通指示、通关签证、商品购物等城市旅游服务功能，开发边境特色文化与地方民俗文化，塑造口岸城镇独特的景观风貌。

（2）旅游型城镇

旅游型城镇一般本身具有旅游吸引力，或者靠近重要的旅游景区，每年都有大量旅游人口到达停留，是自治区对外交流展示的重要窗口。代表城镇包括希拉穆仁镇、莫尔道嘎镇、那吉镇、巴彦库仁镇、柴河镇、阿拉古镇、库伦镇、花吐古拉镇、黑里河镇、乌兰花镇、科布尔镇、上海庙镇、城川镇、无定河镇、达来呼布镇、经棚镇、阿尔山市、上都镇、百灵庙镇、扎兰屯市、阿里河镇等。应明确自身特点，依托自然、历史文化、民族风情等资源，形成个性化城镇风貌特色。应延续已有的风貌特点，不断完善和强化其特殊的建设方式和文化特征，构建以山水景观为基地、以城市特色人文景观为节点、保护汇聚生态和文脉特色的开敞空间，塑造美观、和谐、宜人的城市环境。完善旅游接待设施，根据旅游需求和城镇可接待能力，配置必要的旅游接待设施，改善街道和主要景点的旅游指示系统，适当增设旅游信息服务中心和旅游购物点等。

（3）少数民族特色镇

少数民族特色镇是指民族风情浓郁、民族文化保护价值较高、新型城镇化发展潜力较大的集镇和建制镇。建设有历史记忆、文化脉络、地域特色、民族特点的少数民族特色镇是牧区新型城镇化建设的重要内容，是保护和传承少数民族优秀传统文化的重要举措，是推动民族地区实现乡村振兴的重要途径。代表城镇有扎兰屯市、根河市、额尔古纳市、阿荣旗、莫力达瓦达斡尔族自治旗、鄂伦春自治旗、鄂温克族自治旗、牙克石市、陈巴尔虎旗等。以特色民居保护和改造为重点，加强基础设施建设，保护村镇生态资源，营造宜居环境。以保护、传承、发展少数民族文化为主线，加强村镇公共文化设施建设，激发民族文化发展活力。按照少数民族特色镇发展规律和特点，结合自然环境、民族特点、历史积淀、发展水平，采取不同建筑类型、不同地域特征的保护与发展理念，分类施策，宜村则村、宜镇则镇。

第四节 内蒙古牧区新型城镇化的保障机制

牧区城镇化的核心是“以人为本”，促进生态环境、生产方式、生活条件的改善，促进人的素质技能提高，推进现代化进程。《中共中央关于全面深化改革若干重大问题的决定》提出，完善城镇化健康发展体制机制，推进以人为核心的城镇化，推进农业转移人口市民化。因此，牧区新型城镇化机制改革要围绕转移人口市民化和统筹城乡协调发展要求，完善城乡人口自由流动的机制，有序推进牧区转移人口市民化。

一、改革户籍制度，建立城乡人口有序流动机制

制定科学的调控政策，通过产业布局引导劳动力的迁移；通过不同类型、不同层次劳动者的迁移流动，促进牧区人口向城镇集聚转移；通过调整人口地区分布格局，平衡内蒙古全区人口、资源、生态环境等多要素间

的关系。适度放宽呼和浩特市、包头市等较大城市落户限制，全面放开旗县所在地城镇、建制镇落户限制，积极鼓励农牧民就近向旗县城镇、集镇转移落户。对农牧民转移人口在公共服务设施、住房保障及相应的劳动就业、社会保障等方面的新需求制定新对策。

二、深化土地制度改革，推动城乡发展一体化

首先，建立城乡一体的土地制度。我国在城镇化进程中因土地制度的不同出现了一系列的社会问题，不仅无法有效扩大我国的经济发展规模，还使我国的社会秩序受到严重破坏，阻碍我国经济的持续稳定增长。因此，必须建立城乡一体的土地制度。城乡土地在各方面保持同步，设立统一的标准。区域内各处的土地的使用权可以自由转让和流动；城乡土地行政监管由土地行政主管部门统一负责。

其次，建立完善的土地制度，使农牧民可自由交易土地的使用权；建立完善的收益分配制度；建立完善的土地征用补偿制度。

最后，完善市场调节机制，建立合理适宜的市场调控体系。农业用地的经营权、经营性非农建设用地的使用权要有统一的定价标准，并可以在各地区之间自由转让。取缔原有的行政计划制度，通过市场调节各行业各地区的土地供求，达到供求平衡的目的。

三、建立健全转移人口的城镇住房保障制度

“住有所居”是人的基本需求，是农牧民进城实现市民化的基础条件。创新城镇住房制度，降低农牧民转化为市民的住房门槛，将农牧民工纳入城镇住房保障体系。完善住房公积金制度，将农牧民工纳入住房公积金制度覆盖范围，由用人单位和个人缴存住房公积金，用于农牧民工购买或租赁住房，并实行全国联网、跨区域异地转移接续和提取。完善对农牧民工保障性住房的财税支持制度，建立用于农牧民工住房建设管理、维护的农牧民工公共住房专项资金，对兴建农牧民工公寓和集体宿舍的机构和企业给予一定补贴或税收减免。完善金融服务制度，降低农牧民工购房首付款比例、延长贷款期限、完善规划保障制度，将农牧民工住房纳入地区经济

社会发展规划、城镇建设规划、土地利用规划中统筹考虑，确保农牧民在城镇住有所居，采取多种措施增加农牧民工保障性住房供应。

四、建立城乡居民统一的医疗和养老保险制度

完善职工基本养老保险制度，实现基础养老金全国统筹，鼓励农牧民工积极参保、连续参保。将农牧民工纳入医疗保险体系，允许农牧民工参保，给予农牧民工与城镇居民同样的待遇。优化完善城乡居民基本医疗保险制度，在人口转移过程中，做好社会保险的转移工作，使牧区参保的人员顺利接入城镇社保体系。

五、完善教育培训机制，提高城乡各类劳动者素质技能

加强基础教育，建立教育公共财政体制和教育投入保障机制，综合考虑城镇化与牧区人口的迁移变化，规划校点布局，保障随迁子女平等接受义务教育。解决好牧区留守儿童入学问题，确保牧区适龄儿童少年有学上、上好学。实施新一轮牧区实用人才培养计划，加大紧缺工种从业人员培训，提高牧区转移劳动力适应产业转型升级能力和就业能力。健全继续教育激励机制，实施“农村实用技术培训计划”“农村劳动力转移培训计划”和“农村牧区实用人才培养计划”，主要面向新型农牧民、农牧民工开展培训，为城乡就业和转移人口提供有针对性的技术培训和职业指导，提升城乡劳动力整体素质。优化人才发展环境，健全引进、培养、使用人才的激励机制。加强各类人才队伍建设，对于牧区偏远地区工作人员建立津贴动态调整机制，稳定基层人才队伍。

六、创新公共文化管理机制，促进民族地区文化繁荣

重视基层公共文化服务体系建设，以城乡、群体基本公共文化服务均等化为目标，推动公共文化服务重心下移、资源下移。根据城市社区、苏木乡镇、嘎查村人口变化等情况，均衡配置城乡公共文化资源，促进公共文化资源向基层特别是牧区延伸。通过建立以群众文化需求为导向、指标合理、易于操作的基本公共文化服务标准，加强牧区人文资源的保护和利

用，增加和提升人文设施的数量和质量，加强牧区基层文化阵地建设，保护和繁荣民族文化，传承保留传统节庆活动、文化艺术活动，使少数民族传统文化以“活态”的方式传承下去，被各民族欣赏和共享。

七、完善考核评价机制，落实各级政府引领新型城镇化的责任

构建基于主体功能区的城镇化发展政绩指标，建立具有差异性和针对性的考核指标体系。对不同地区政府进行分类考核，激励地方政府推进全面、协调、可持续发展的积极性，促进区域之间城镇化协调可持续发展。按照习近平总书记“既看发展又看基础，既看显绩又看潜绩，把民生改善、社会进步、生态效益等指标和实绩作为重要考核内容”的要求，对各地区新型城镇化发展质量进行全面考核，增加经济发展结构指标、发展潜力指标、环境资源消耗指标、市场监管和开放度指标、资源存量变动指标、生态环境指标、公共服务水平指标、社会文明进步指标、人民生活水平指标的权重。建立组织考核与群众评价相结合的综合考核评价机制，探索实行领导干部综合分析研判办法，引导各级政府把更多的精力和资源投入经济结构调整、经济发展方式转变中，形成有利于三次产业协调发展、城乡和区域协调发展，有利于改善民生、加强社会建设和公共服务的牧区新型城镇化发展新模式。

第五节　内蒙古牧区新型城镇化的政策建议

内蒙古自治区是少数民族自治区。近年来，内蒙古自治区按照《中华人民共和国民族区域自治法》的规定制定和实施了一系列政策措施，加快牧区城镇化发展。国家高度重视牧区和边疆少数民族地区的发展，相继出台了《关于促进牧区又好又快发展的若干意见》《关于促进内蒙古自治区经济社会又好又快发展的意见》《关于支持沿边重点地区开发开放若干政策措施的意见》，在《国家新型城镇化规划（2014—2020 年）》出台后，2016 年又印发了《关于深入推进新型城镇化建设的若干意见》。内蒙古牧

区在国家方针政策的指引下，结合牧区实际，在完善新型城镇化保障机制的前提下，提出并实施了推进新型城镇化的一系列政策。基于内蒙古牧区现实的迫切要求，内蒙古牧区推进新型城镇化的政策还应在以下几个方面着力。

一、实施产业结构调整政策，推进牧区经济转型升级

充分发挥市场配置资源的决定性作用，更好发挥政府功能，营造公平有序的市场竞争环境。突破传统发展方式路径依赖，依据牧区的资源禀赋和区位优势，强化县域经济、民营经济、绿色经济支撑。巩固提高第一产业，优化提升第二产业，发展壮大第三产业，着力增强三次产业发展的协同性和产业内部结构的协调性，努力实现传统产业新型化、新兴产业规模化、支柱产业多元化。

构建产业创新平台，引导企业把创新作为提高市场竞争力的重要途径，加快产业转型升级的进程。加大对高耗能、高污染行业的调控力度，抑制过剩产能和重复建设，推进资源型产业转型。优化产业发展环境，完善产业配套服务，建立高度共享的产业公共服务与技术服务平台。完善并落实支持中小企业和民营企业发展的政策、措施，为企业发展创造宽松的政策环境。

积极与发达地区对接协调，建立与其他省份的长期高层产业转移统筹协调机制，引导东部发达地区生态型产业向内蒙古有序转移。鼓励外向型经济发展，支持建立边境自由贸易区、保税区和经济合作区，提升经济外向化水平。

二、健全资源生态补偿政策，保障牧区资源环境可持续发展

落实草原生态保护补奖机制，严格执行草畜平衡、禁牧休牧轮牧制度，加强“三北”防护林、天然林保护、退耕还林和退牧还草等重点工程建设，稳定和扩大退耕还林、退牧还草范围，巩固扩大生态保护建设成果。对重点资源环境保护和生态管制地区，建立跨区域的资源环境保护转移支付和生态补偿政策，加大对限建区、禁建区的转移支付，适时建立健

全农牧业稳定发展转移支付政策，保护基本农田和草原生态安全。

健全能源、水、土地等资源的节约集约使用政策。改革价格机制，使自然资源及其产品的价格能客观、真实、全面反映市场供求、资源稀缺程度、生态环境损害成本和修复效益。坚持责任制，谁使用谁付费，谁污染谁处理；推行资源使用税，并逐步推广到自然资源的各个领域。推进资源税改革，研究完善煤炭等矿产资源领域收取生态保护保证金政策。

落实国家支持节能减排所得税、增值税等优惠政策。完善和落实资源综合利用和可再生能源发展的税收优惠政策。设立多元投入的环境保护专项资金，鼓励民间资本和社会资本进入资源环境保护领域；引导银行业金融机构加大对清洁生产示范工程的信贷支持。发展环保市场，创新环保管理机制，推行第三方治理模式，降低准入门槛，通过竞争的方式吸引社会资本。

三、完善金融财税政策，为牧区新型城镇化提供资金保障

积极争取国家加大对内蒙古自治区中央财政一般性转移支付和专项转移支付的支持力度。加大对牧区和小城镇的财政转移支付，对农牧业、扶贫、民生、生态、基础设施等项目按相关政策给予资金支持。实行“人地钱”相挂钩，即财政转移支付与转移人口市民化挂钩、城镇建设用地新增指标与转移人口落户数挂钩、基建投资安排与转移人口市民化地区挂钩。

建立多层次的资本市场体系，优化社会融资结构，拓宽资本融资渠道，协调金融机构建立企业融资平台，灵活运用债券、信托等手段，增强企业融资能力，扩大企业融资途径，为中小企业发展提供有力的金融支持。创新公共服务供给机制，重点支持牧区社会建设和民生改善，加大财政对城镇公益性设施建设的投入力度，尽快形成政府引导、市场运作的多元化、多渠道融资体制，实现城镇基础设施建设资金的良性循环和滚动发展。

探索设立城镇化建设投资基金，充分利用各类社会资金，形成市场化、专业化的投融资模式。鼓励各盟市、旗县整合优势资源，注重开发城市资产，提高融资能力。鼓励符合条件的融资平台采取发行债券、上市融

资、发行信托计划等形式筹集建设资金。加强地方政府性债务管理，建立合理偿债机制。鼓励企业和社会资本通过合资、合作、委托经营、PPP、TOT、BT等方式参与城镇公用设施建设和运营。建立公益性基础设施和商业性基础设施开发相结合的“工商协同、以商补公”机制。

四、完善就业创业政策，推进牧区转移人口市民化

结合户籍制度和社会保障制度改革，打破垄断和地区保护，在呼包鄂地区先行推行城乡统筹就业，降低迁移人口进入各大城市的门槛。逐步建立统一开放、竞争有序、城乡一体的劳动力市场，促进已转移牧区劳动力在城镇和非农产业稳定就业。促进中小企业、小城镇和劳动密集产业发展，通过扶持农副产品加工企业和劳动密集型产业、发展乡镇企业、鼓励农民工回乡创业等多种形式拓宽就业渠道。

搭建创业工作平台，建立健全农牧民创业政策扶持、创业培训、创业服务“三位一体”的工作机制，鼓励和支持有创业意愿和创业条件的本地农牧区劳动力、返乡农牧民工就地创业。通过技术参股、创业扶持、社会安置等多种手段，吸引外出务工人员返乡创业或就业，并予以资金、管理、税收等方面优惠政策，实现流失人力资源的回流。

第六章　乡村振兴视域下的牧区新型城镇化

第一节　乡村振兴战略与牧区新型城镇化的关系

党的十九大报告首次提出了“乡村振兴战略”。这一战略以逐渐缩小城乡差距、促进城乡融合发展为目标，以产业兴旺、生态宜居、乡风文明、治理有效、生活富裕为总要求，对农村发展作出了具有前瞻性和科学性的规划。它既是对当前我国农业农村现代化与城镇化发展相对不协调的回应，也是针对全面现代化中的“短板”进行重点提升的有效措施。牧区新型城镇化是利用现代工农业科技技术提高牧区生产力水平，优化牧区经济结构，促进牧区实现可持续发展，逐步缩小与城镇的差别，最终实现融合的过程。所以乡村振兴战略和牧区新型城镇化是我国民族地区牧业现代化发展和城乡统筹协调发展的必然选择，更是各民族共同发展实现中华民族伟大复兴的必然要求。正确把握乡村振兴战略与牧区新型城镇化的关系，将极大地影响“牧区美、牧民富、牧业强”的牧业现代化目标的实现。

一、乡村振兴战略与牧区新型城镇化在本质上有很多一致性

第一，从目的看，牧区新型城镇化的目的之一是解决“量的城市化并没有相应带来质的城市化”的问题，特别是民族地区牧民的“被城镇化”和“伪城镇化”的问题。如今推进牧区新型城镇化，核心是人的城镇化，

关键是提高城镇化质量，真正考虑民族地区牧民的城镇化意愿、城镇化方式以及特殊性，目的是造福百姓和富裕牧民。要实现产业发展和城镇建设融合，让牧民逐步融入城镇，享受到高质量的公共服务，从实质上成为城里人而非单纯的户籍城镇化。乡村振兴战略的目标任务包括农村基础设施建设深入推进，农村人居环境明显改善，美丽宜居乡村建设扎实推进，城乡基本公共服务均等化水平进一步提高，城乡融合发展体制机制初步建立，也就是解决农村和城市发展的不均衡问题。

第二，从原则看，牧区新型城镇化讲求城乡互补、协调发展。城乡一体化发展不是“一样化”发展，不能把牧区都变为城市，而是要在切实考虑牧区地理环境、生产方式、经济结构和乡土文化特点的基础上走城乡协调发展的道路。乡村振兴战略中更明确指出，坚持城乡融合发展，坚决破除体制机制弊端，推动城乡要素自由流动、平等交换，推动新型工业化、信息化、城镇化、农业现代化同步发展，加快形成工农互促、城乡互补、全面融合、共同繁荣的新型工农城乡关系。

第三，从核心价值看，牧区新型城镇化的核心价值是以人为本，认识到牧民的主体地位，追求的是人的自由全面发展。城镇化过程中更要加大对民族地区牧民的技术培训与指导，在符合广大牧民的文化认同、价值认同的基础上稳步提高牧民收入，增强其满足感，从而降低城镇化过程中民族间发生摩擦碰撞的概率。乡村振兴战略要承认农民主体地位，充分尊重农民意愿，切实发挥农民在乡村振兴中的主体作用，把维护农民群众根本利益、促进农民共同富裕作为出发点和落脚点，不断提升农民的获得感、幸福感、安全感。这也是强调以人（农民）为本。

二、牧区新型城镇化是乡村振兴战略的基础

牧区新型城镇化是实施乡村振兴战略的基础，为牧区发展由量的改变到质的提高提供了物质前提。乡村振兴的核心是乡村产业的振兴，对于牧区来说就是以牧业为中心的相关产业的振兴。如今牧区城镇化也逐渐由过去简单追求量的城镇化向以人为中心的新型城镇化转变，努力促进城镇和牧区产业融合，通过产业融合尽早实现牧区产业的发展。在城镇化进程

中，牧区的基础设施建设逐步完善、牧业技术不断提高，有利于乡村振兴战略的顺利实施。虽然我国牧区从事牧业的人口不多，但牧业生产率普遍不高，不但限制了牧区人力资源要素的流动，更极大地影响了牧民收入水平的提高。通过城镇化，一方面，可以利用现代农牧业科学技术，提高牧区生产力水平，释放牧区剩余的劳动力资源；另一方面，可以通过城镇化的产业集聚效应，在城镇中创造更多的就业岗位，吸纳牧区剩余劳动力。鼓励牧民参与非牧业生产劳动，不但能促进牧民收入的多元化，降低牧民收入单一的风险，提高牧民收入，而且能促进牧区小城镇的繁荣。实施乡村振兴战略，就要解决“三农”问题，使农业达到现代化，农民收入得到大幅度提高，农村面貌得到有效改善，而这三者的实现都离不开城镇化的大力支持。就目前来看，民族地区牧业和牧区的发展空间依然很大，需要依靠非牧产业来为牧民创造更多的增收渠道，需要依靠城镇化来促进和支持牧业和牧区的现代化发展。

三、乡村振兴战略是牧区新型城镇化的进一步深化

虽然近年来我国的城镇化率有了很大提高，但是简单粗暴的城镇化方式带来了严重的社会问题。农牧区的“空心化”和“城市病”问题尤为突出。

随着城镇化进程的加快，农村青年劳动力开始走向城市，而留守下来的妇女、儿童、老人无法承担农牧区繁重的农耕任务，农牧区劳动力严重不足，导致农牧区大量的土地草场被浪费。尤其对牧区来说，牧民的居住格局本身就很分散，随着人口减少，牧民更是呈现零星分布之势，难以组织起来，牧区治理的“空心化”问题更加严峻，牧区社会自治组织出现“没人选”与“选人难”的状况。牧区治理资源流失，对人们的监管力度和威慑力减弱，出现了偷挖、盗采草原植物的行为，给草原生态平衡造成了极大的危害。传承千年的草原文化也面临后继无人的局面。

除此之外，当前大城市发展中出现了一系列“城市病”问题，如交通拥挤、住房紧张、供水不足、能源紧缺、环境污染、秩序混乱等，使城市建设与城市发展处于失衡和无序状态，造成了资源的巨大浪费、居民生活

质量的下降和经济发展成本的提高，在一定程度上阻碍了城市的可持续发展。

乡村振兴战略从根本上来讲，主要是要补齐我国社会现代化发展中的短板，既为城镇化解除后顾之忧，又形成城乡融合发展机制。乡村振兴战略的提出无疑对解决农牧区的“空心化”和“城市病”问题有积极的影响，换言之，乡村振兴战略是牧区新型城镇化的进一步深化。

首先，乡村振兴有助于促进进城务工人口的回流。牧区人口进城的最初动因是经济压力，一旦牧业牧区实现现代化，牧业经济焕发活力，牧区与城市均衡发展，牧区社会的乡土引力就会发挥作用，吸引进城务工人员回乡创业或择业。近年来，内蒙古大力开发与发展牧区特色产业，成立牧业合作社。牧民通过合作社在草场利用、畜牧饲养、畜产品销售、劳动力和生产资料利用等领域进行广泛的合作，实现了畜牧业的产业化经营和传统牧业生计的转型，提高了牧区的组织化程度和自治能力。大力推动草原生态旅游业发展。不管是政府主导的旅游景区建设，还是牧家游等家庭式生态旅游，都促进了传统牧民的生计转型。牧区草原生态旅游业的发展需要依托草原文化与生态资源，生态旅游业的兴起也激发了年轻牧民参与草原生态环境保护以及学习本土生态知识的热情。如今，年青一代牧民开始用一种欣赏、赞美的态度重新审视自己的传统文化，与父辈一样参与到牧区建设进程中。

其次，乡村振兴有助于推动资本下乡。资本下乡就是把城镇工商业积累的庞大的科技、人力、物力、财力等资源吸引到牧区来，以解决牧区面临的困境。随着资本下乡一同注入牧区的，还有各种各样的发展要素，最直观的便是经过严密论证的产业项目，以及带着各种理念和专业技能的人才。这就意味着会带来大量不同于传统牧区产业的工作岗位、不同的人口结构，以及各种思想的碰撞，会对牧民的思维模式、生活方式产生影响，使传统的牧区生活展现新气象。地处偏远、信息闭塞的牧区与城市文明的联系将更加便捷。乡村振兴可以为资本运行创造一个良好的环境，增大乡村的吸引力，从而吸引资本下乡。比如，党的十九大提出保持土地承包关系长久不变、保障农民财产权益、培育新型农业经营主体等，这一方面是对农牧民讲，另一方面是对城市的企业家讲，目的是鼓励企业家投资农牧业，大胆吸收农牧民承包地入股，成为新型农牧业经营主体。

最后，乡村振兴有助于推动解决牧区新型城镇化过程中的就地城镇化问题。“就地城镇化”是新型城镇化的一种，指农村人口不向城市迁移，而是在原有的居住地，通过发展生产和增加收入、完善基础设施、发展社会事业、提高自身素质、改变生活方式，过上和城市人一样的生活。牧区地广人稀、居住分散，随着社会的发展，牧民对子女入学教育、医疗卫生的需求越来越迫切，所以牧区更适合以就地城镇化思想为指导开展小城镇化建设。经过多年的建设，尤其是近年的社会主义新农村建设，牧区涌现出了就地城镇化的典型。比如鄂尔多斯市的鄂多克前旗，针对农牧民居住、生产分散的现实特点，探索形成了新型村庄、集中居民点、现代家庭农牧场等多种发展布局，为留居的农牧民统一规划建设了平层别墅，配套建设了路、气、水、电等设施，让农牧民过上了与城里人一样的生活，出行更加便捷，生活环境更加宜居。针对留居农牧民的生产问题，建设规模化、现代化农业示范基地和标准养殖园区，促进农牧业规模化和产业化。

牧区就地城镇化最重要的是要有产业支撑，而乡村振兴战略的重点就在于产业兴旺，这是逐步实现农牧民就地、就近就业的核心因素。深入推进乡村振兴战略，根本是加快产业转型升级，以产业兴旺带动事业兴旺，以事业兴旺支撑乡村兴旺。党的十九大报告提出：“构建现代农业产业体系、生产体系、经营体系，完善农业支持保护制度，发展多种形式适度规模经营，培育新型农业经营主体，健全农业社会化服务体系，实现小农户和现代农业发展有机衔接。促进农村第一、二、三产业融合发展，支持和鼓励农民就业创业，拓宽增收渠道。”这一论述，为产业兴旺指明了具体方向和发展道路，在不久的将来，民族地区牧业产业化和牧区地方特色产业将会构成牧区就地城镇化的产业支撑。

同时，优先发展农业乡村，从政策体制上改变城乡二元结构，使农民和市民享受同等对待，城乡融合态势有望形成。这一做法在主观发展农牧区的同时，客观上为牧区就地城镇化作了铺垫，甚至可以直接推动牧民实现就地城镇化。

四、乡村振兴战略与牧区新型城镇化相辅相成、互促互进

乡村振兴战略与牧区新型城镇化相辅相成。一方面，城镇的发展离不开牧区的发展。牧区城镇化的发展需要农牧业的滋养，如果没有农牧业的滋养，牧区城镇化将成为海市蜃楼。农牧业生产力和农牧民文明素质的提高，可以为城市提供大量的剩余劳动力和新公民，以此提升农牧民的生产和消费能力，扩大牧区城镇产品销售市场，成为牧区新型城镇化的依靠。另一方面，乡村振兴也需要牧区新型城镇化的支撑。牧区新型城镇化可以为牧区的乡村振兴提供现代技术和人才方面的帮助；对农牧业人口进行就业培训和技能传授，也变相地向农牧区传递了现代文明，传播了科学知识，使农牧区的发展更加科学和开放。因此，乡村振兴战略和牧区新型城镇化相辅相成，共同发挥各自的作用。

乡村振兴战略与牧区新型城镇化互促互进。首先，在牧区新型城镇化的不断推动下，我国牧民单独经营草场的问题可以进一步得到缓解。在小规模经营、资源不足条件下推进牧业现代化，需要提高城镇化发展质量，促进牧区人口有效转移，为牧业发展适度规模经营与规模化管理腾出空间，以先进的科学技术为提高牧业生产效率创造条件，通过城镇的辐射和带动，在牧区寻求新的发展动力，促进牧区第三产业的发展，使得牧区第一、二、三产业能够协同发展。其次，在城镇化的加速阶段，要针对不同层次的城市和牧区居民的消费需求，稳步扩大内需，刺激经济稳定发展，需要乡村发挥“稳定重心”的作用。在解决牧区人口向城市转移的问题时，要增加人口城镇化率，全面落实牧区改革，在牧区草场制度、集体产权制度改革上重点进行突破。

五、乡村振兴战略与牧区新型城镇化各有侧重

乡村振兴战略和牧区新型城镇化虽然辩证统一、内涵一致、互相支持与配合，但是两个战略的侧重点略有差异。当今牧区新型城镇化的目的是推进以人为核心的城镇化，而非单纯的户口城镇化，重视质量而不是数量和速度，最终实现牧区发展、牧业发展和城镇建设相融合，让牧民逐步融

入城镇，从实质上成为城镇化居民。

乡村振兴作为党和国家的一个新的发展战略，是着眼于解决乡村发展动力不足，人才、劳动力流失严重，基础设施与精神生活凋敝，资源环境的浪费等现实问题而提出的一项长期根本性举措。乡村振兴的理念就是在符合乡村自身现状和发展逻辑的基础上，提升产业实力和公众吸引力，减少并最终弥合城乡差距。要把农村作为城镇建设治理，必须转变经济发展的结构模式，普及公共服务的高层次服务。乡村振兴战略在各方面都更加偏重考虑乡村本身，寻求乡村发展的安身立命之本，并非一切向城镇对标看齐。

因此，促进城乡一体化发展，是乡村振兴和牧区新型城镇化的共同目标。乡村振兴和新型城镇化两者并不矛盾，城市发展和牧区新型发展是互利共赢的命运共同体。在新时代，推进乡村振兴与牧区新型城镇化协调发展，需要统一规划乡村振兴和牧区新型城镇化，进行合理的资源配置，使社会公共资源在城乡得到均衡配置，基础设施和公共服务实现共建共享。关键还需要重点解决人口等诸多要素权益在城乡配置不同步的问题，要以保护好牧民的合法权益为基础，以实现市场要素配置均衡为重点，建立健全城乡融合发展机制，为乡村振兴战略和牧区新型城镇化的协同推进保驾护航。

第二节　乡村振兴战略与牧区新型城镇化协同发展

牧区是以绿色草原为主体，以草原畜牧业为基础产业的特殊生态经济文化区域，是草原集中连片分布的区域。我国牧区主要分布于内蒙古、新疆、西藏、青海和甘肃等中西部省区和边疆民族地区，地域面积广大，是我国乡村的重要组成部分，在我国经济社会发展大局中具有重要的战略地位。草原生态系统不仅有一定的经济功能，更有巨大的生态功能、文化功能等。一方面，牧区构筑了北方生态屏障和“绿色万里长城”，确保了国家的生态安全；另一方面，促进广大农牧民走向富裕，促进牧区民族团结、边疆稳固，具有重要的战略意义、现实意义。乡村振兴战略和新型城镇化是实现农业农村现代化和城乡融合发展的重要战略和必由之路。两者有着相同的内在逻辑。兼顾农村和城市，既解决了农村农牧业发展相对滞后的问题，又满足了城市进一步发展的要求。

一、乡村振兴战略与牧区新型城镇化协同发展的基础

（一）乡村和城镇在空间上的并存性

基于对国土空间的认知，目前几乎世界上所有国家都将国土划分为乡村和城市。当早期人类结束游牧生活，在固定地域从事农牧业生产的时候，便形成了人类社会最早的村落，开启了农业文明。随着生产力发展和三次社会分工完成，手工业与商业从农牧业中分离出来，将交通方便、位置适中的地域作为商品交换的市场，并逐渐演化为城市。城市从农村中孕育并分离出来后，国家就由乡村和城市两大元素构成。如德国将国土空间划分为“密集型空间”和“乡村型空间”，从法律上确立了城乡平等地位。我国则基于城乡共同体视角将“乡村”界定为具有自然、社会、经济特征的地域综合体，与城镇互促互进、共生共存，共同构成人类活动的主要空间。

（二）农业农村现代化与城镇化在时间上的继起性

世界现代化历程表明，一国要成功实现现代化，必须率先发展工业化和城镇化。传统农业社会向现代社会转型，必须通过工业积累资本，而工业发展需要城镇作为载体。在这一阶段，国家财力无法顾及农业农村，反而需要农业农村为工业化提供积累。工业优先发展战略几乎是国家走向现代化过程中经济发展的通行做法，符合不平衡增长理论。事实上，一个国家在经济发展过程中要实现绝对平衡是不现实的。如早期工业化的欧洲国家率先进入城市化，农牧民扮演了城市人口食物的供给者、城市工业产品的消费者、城市社会发展的资本贡献者和城市劳动人口的输出者的角色。但也正是农业农村资源单向流入城市，使得农业农村陷入可持续发展困境。在这一特定阶段，发达国家及时制定了农业农村支持保护政策，通过政府宏观调节引导要素流向农业农村，从而实现了乡村的振兴。比较典型

的有法国的“乡村发展运动”、韩国的“新村运动”、日本的“造村运动”等，这些运动使得农民的经济收入和生活水平接近城市居民。中华人民共和国在积贫积弱的基础上诞生，基于特殊的国内外环境，迅速建立工业体系成为急迫的任务，实施优先发展重工业的不平衡发展战略成为必然选择。政府通过二元社会制度规定了乡村资源要素向城市的单向输送，形成了工业、城市发展的原始资本积累。由此，中国的二元经济结构演化为二元社会结构，形成中国特有的社会群体——农民工。城镇内部衍生出新的二元结构，农村中“空心村”、“三留守”群体已成为严重的社会问题，客观要求乡村必须振兴，农业农村现代化必须紧跟工业化城镇化步伐。

（三）乡村振兴战略与新型城镇化战略在本质上的一致性

基于对发展本质的认知，乡村振兴与新型城镇化战略在本质上具有一致性，都是为了满足人民日益增长的美好生活需要。两大战略具有相同的主体，新型城镇化以人口城镇化为核心，这里的“人口”主要指农业人口；乡村振兴是农村、农业、农民的振兴。我国全面开启城镇化始于改革开放。由于长期运行的城市偏向政策、“见物不见人”的城镇化思维，“土地城镇化”取代“人的城镇化”，被统计为城镇人口的2.34亿农业转移人口未能在教育、就业、医疗、养老、住房等方面享受城镇居民的均等待遇，难以融入城市社会，“半市民化”结构趋于固化。截至2018年年底，全国有2.88亿农民工处于“半市民化”状态。走中国特色新型城镇化道路是新时代赋予我们的历史使命，通过创新体制机制，解决亿万农民工的“半市民化”问题，全面提高城镇化质量，实现城镇常住人口基本公共服务均等化，让进城农业人口均等享有城镇发展成果。实施乡村振兴是关系全面建设社会主义现代化国家的全局性、历史性任务，新时期“三农”工作必须围绕农业农村现代化这个总目标来推进，坚持农业农村优先发展的总方针，实现农民“生活富裕”。以人为核心是连接两大战略的根本桥梁，也是两大战略相一致的本质所在。

二、乡村振兴战略与牧区新型城镇化协同发展的内在逻辑

乡村振兴战略的总体要求是产业兴旺、生态宜居、乡风文明、治理有

效、生活富裕，目的是实现农业农村的现代化。产业兴旺是指实现三次产业结构的融合，促进农牧业的现代化，激发农村经济的活力，只有产业的支撑和兴旺，经济才能迅速发展；生态宜居要求重视环境问题，不仅是自然环境的保护，还有人居环境的适宜，贯彻绿水青山就是金山银山的理念；乡风文明需要提高农民的文化素养，保留优良的传统民风民俗，营造淳朴友善的乡里环境；治理有效指高效科学的治理村集体，实行现代化的治理体系，科学民主地解决村内问题和调节村民关系；生活富裕是乡村振兴战略的主要目标，也是广大农牧民的心愿，只有生活富裕、生产富足才能提升农牧民的幸福感，使得整个社会和谐富强发展。

新型城镇化是以城乡统筹、城乡一体、产业互动、节约集约、生态宜居、和谐发展为特征的城镇化。城镇化的推进发展不仅仅是数量和规模的扩展，重点是制度创新、人居环境、福利保障等，实现从农民到市民的真正转变，更加突出了以人为核心的特点。城市化最大的特点是集聚和规模效益，它集人口、经济、文化、交通、信息、物流等于一体，实现经济快速增长、产业升级、人口就业。利用城市功能的辐射作用，可以带动周边农村地区的经济发展，完善公共基础设施服务。

乡村是具有自然、社会、经济特征的地域综合体，兼具生产、生活、生态、文化等多重功能。在产业兴旺方面，草原畜牧业是草原牧区的主导产业。随着发展质量的提升，农牧业既为城镇生产生活提供更多更优质的农牧产品，也进一步加大了对草饲、农具、种业等农资产品的需求，在某种程度上将倒逼城镇相关产业加快转型升级。在新型城镇化推进过程中，城镇市场竞争日趋激烈，产业发展，不断拓展农村市场，来自城镇的资金、技术、人才、信息等要素和新型农机、农具等设备将为农牧业兴旺提供支撑。在生态宜居方面，美丽乡村既为城镇可持续发展提供生态屏障，也为城乡居民提供丰富多样的农业生态产品和服务，如观光农业、游憩休闲、健康养生等。在新型城镇化推进过程中，随着绿色城镇的建设，主要污染物排放将持续减少，对乡村环境的负面影响也会逐步减弱。同时，随着治理新技术、新设备在乡村的推广运用，乡村环境治理的力度和效果将会明显增强。在乡风文明方面，草原牧区在8000多年的人类活动和生产实践中积累了大量的物质和文化，既有有形的也有无形的，形成了中华民族的宝贵财富。随着牧区文化的繁荣兴盛，优秀牧区文化与多元开放的现代城市文化相互交融，将极大促进文化多样化和人文城镇建设。在新型城镇化推进过程中，城镇文化辐射能力进一步增强，将为农村牧区提供更多更好的公共文化产品和服务。在治理有效方面，随着乡村治理体系建立健全和治理能力提升，乡村社会将更加充满活力、和谐有序，为加强和创新城镇社会治理提供良好的区域环境。在新型城镇化推进过程中，城镇服务管理能力不断提升，各类资源和服务逐步下沉。此外，高校毕业生、机关企事业单位优秀党员干部到村任职，也有利于强化农村牧区基层党组织建设。在生活富裕方面，随着农牧民收入增加和生活水平的提高，其消费需求将会明显增强，进城意愿和能力也会进一步提升。在新型城镇化推进过程中，城镇教育、养老、医疗等公共服务和道路、供水、供电、信息等基础设施不断向农村延伸，有助于提高农村民生保障水平、优化人居环境，从而增强农牧民的获得感、幸福感、安全感。

三、推进乡村振兴战略和牧区新型城镇化协同发展的对策措施

我国的乡村包括农村和牧区，而这两者在诸多方面都有明显的差异，实现乡村振兴战略中的牧区振兴，应科学把握牧区的本质特征，对牧区振兴的基础与进程作出全面系统的分析判断：既要发现全面建成小康社会及牧区振兴的薄弱环节，予以加强；也要厘清牧区全面振兴已形成的基础条件，为探索实践模式与制定政策措施做好铺垫。

习近平总书记强调，乡村振兴不搞“一刀切”、不搞统一模式，因此要因地制宜地实验、推广适合不同牧区类型的模式，如草甸草原牧区振兴模式、典型草原牧区振兴模式、荒漠草原牧区振兴模式、高寒草原牧区振兴模式等。要深入调查研究、细致归纳总结各地牧区“生态优先、绿色发展”的新典型、新实践，在实践中提炼、完善模式，并将这样的典型模式推广至同类型牧区。

（一）实行城乡统一规划编制，加快城乡统筹发展

实现农村牧区高质量发展，规划工作要发挥引领作用。一是各市、旗

县区要加快出台本地区的乡村振兴五年规划，明确农村牧区产业空间布局，制定产业发展规划。二是加强城乡规划的有机衔接，确保统一，形成城乡功能互补、布局合理的规划格局。三是协调统筹跨区域的一体化规划。各地要立足区域，综合考量交通、区位等因素，尤其是生态保护区、缓冲区的跨区域规划工作，确保一致。四是加强村庄规划工作。村庄建设必须规划先行，做到不规划不建设、不规划不投入，以旗县区为单位编制或修编村庄布局规划和建设规划，明确集聚提升村、城郊融合村、特色保护村、搬迁撤并村，提高村庄规划的质量，确保乡村建设有规可依、有规可循，把农村牧区这张蓝图绘好、绘到底。

（二）建立城乡发挥比较优势制度环境，促进城乡功能互补

乡村振兴和牧区新型城镇化协同发展要切实发挥好城乡比较优势，推动形成高质量发展的区域布局，促进城乡间要素互补、功能互促。一是要深化改革，把农业农村发展的巨大潜力和强大动能充分释放出来，调动各类市场主体的积极性，培育壮大新型农业经营主体和新型职业农民，鼓励、支持和引导更多在外创业能人返乡创业，发展乡村产业，助力乡村振兴。二是要结合城市自身环境和资源条件优势，推动高新技术产业发展，将城市科技成果和人才资源优势切实转化，投入乡村振兴战略，推动农牧业经济发展模式创新，更好地激发农牧民内生动力。三是要积极开发农牧业多种功能综合利用，通过延伸产业链、提升价值链、拓宽增收链、完善利益链，促进农村第一、二、三产业融合发展；依托乡村自然资源、人文禀赋、乡土风情及产业特色，发展形式多样、特色鲜明的乡村产业，吸引城市资金、人才、技术和信息等资源要素向农村流动。四是要把乡村旅游与现代化农牧业有机结合起来，以“农牧业产业园区＋农业特色小镇”等为载体，强化都市现代农业产业支撑，打造一批特色鲜明、功能多样、业态丰富的休闲农牧业园区，有效拓展农牧业增值增效深度和功能价值开发广度。

（三）健全城乡融合发展体制机制，推动城乡共建共享

实现工业与农业、城市与乡村协同发展，离不开完善的城乡融合发展

体制机制和政策体系。一是要破除城乡二元结构樊篱，让广大农牧民平等参与现代化进程、共同分享现代化成果，形成以工促农、以城带乡、工农互促、城乡一体的新型工农城乡关系。二是积极推进城市产业链条向农村延伸，加强工业对农业的反哺，构建城乡完整、契合的产业链体系，有效解决城市人口、就业及生产压力，同时也使农村充分享受到城市发展的红利，成为乡村产业兴旺、产业振兴的基础。三是提升城市经济创新力和竞争力，降低城市产业流失和发展成本，形成产业集聚效应，辐射带动周边农业农村发展，促进农民收入水平提升。四是建立健全农村发展的长效内生机制，在城市反哺农村的基础上，提高农业劳动者运用先进科学技术和经营理念改造传统农业的能力，促使农村人力资源更好地向人力资本方向转化，引领农业农村高质量发展。

（四）打造城乡双向互惠合作模式，实现城乡互利共赢

城乡双向互惠合作模式从主体来看，主要体现在城乡居民之间、政府与非政府组织之间建立合作性关系。目前农村牧区不仅要体现独特的区位优势，还需要充足的资源和人才，以及完善的供应链和广阔的市场发展空间。这些是推进乡村振兴和新型城镇化协同发展的关键。一是创新城乡空间的集聚规律和组织模式，通过发挥县域经济在城乡协同发展中的支撑作用，促进城乡要素、资源、产业等方面的深度融合，不断提高城乡基本公共服务均等化水平。二是积极探索城乡统筹发展新模式，进一步完善城乡基础设施建设，提升城镇综合承载能力，实现产业链、创新链、资金链、政策链、人才链、市场链“六链融合”，形成城乡创新要素集聚、开放功能提升、营商环境优化的发展格局。三是突出县域项目带动、产业支撑、统筹城乡的重点，提升县域经济发展水平，充分发挥县域承接的城市优质高端要素资源与乡村本土资源融合裂变的效应，让人才、土地、资金、技术等关键要素资源集聚优化，形成动力更强、结构更优、质量更高的城乡融合发展格局。

第三节　牧区新型城镇化模式选择

一、改革开放以来牧区城镇化的回顾和特殊性

（一）牧区城镇化发展历程及经验总结

从1978年到2020年，牧业总产值从209.30亿元增加到40266.67亿元，城镇人口从17245万人增加到90199万人，城镇化率从17.9%增加到63.9%。牧区经济得到快速发展，得益于40多年间牧区城镇化经历的发展模式。主要包括以下几种：1984年实施了“草场公有、承包经营、牲畜作价、户有户养”的草畜双承包制度，使牧民在养牲畜的同时注重保护生态环境。1989年进一步落实草牧场的所有权、使用权和承包责任制，即“双权一制”，确立了家庭联产承包经营的体制。1996年实施“增草增产、提高质量、提高效益”的“双增双提”战略。新时期，牧区在相关配套措施上不断完善，如饲养方式、经营方式、市场销售等方面，逐步提高牧业的生产效益和社会效益。同时，草原确权、土地承包经营权确权登记颁证等工作让牧民更安心牧业生产。其中，1978年到20世纪末是城镇化平稳发展时期。随着第二、第三次民工潮，农民工大量涌入城市。2000年以后进入城镇化的快速发展时期。在这期间，国家相继实施了小城镇建设和撤乡设镇战略，极大满足了牧区的发展。总之，我国地域广阔，特别是民族地区地广人稀的特点更是决定了政策的制定要因地制宜，为不同区域制定不同的发展路径，才能更加符合当地的实际情况。

（二）牧区与农村的城镇化发展对比

1. 重视程度不同

我国政府一直将“三农”问题作为政府政策制定的核心，各级政府领导一直非常关心“三农”的相关问题，中央一号文件就是证明。改革开放以来，1982—1986年连续5年以中央一号文件的形式关注“三农”问题，并对相关问题作出安排部署。2004—2019年又连续16年发布以“三农”

为主题的中央一号文件，充分说明我国政府对“三农”问题的重视程度。2018 年发布《关于实施乡村振兴战略的意见》，提出以绿色、人与自然的和谐为标准，挖掘农村的巨大潜能。

然而，目前学术界对于牧区城镇化问题的研究较少，可供参考的资料有限，限制了研究模式的可行性。

2. 影响因素存在差异

牧区城镇化与农村城镇化的影响因素有很大的区别。牧区的城镇化进程不仅涉及牧民收入、牧业发展等问题，还和民族文化、民族关系、地理位置的特殊性、边疆治理等问题联系在一起。

3. 生活方式和居住环境不同

游牧的生活方式与草原的生态环境相适应，较为自由和随意，在城镇化中需要转变为定居的生活方式，具有一定的难度。牧区相较农区而言，更为边缘化，地处偏远，经济较不发达，基础设施差，交通通信不便利，还存在语言和民族习惯等差异，推进城镇化的进程更为困难。

4. 牧区的经济发展与环境间的矛盾更为突出

“十一五”规划中提到建设社会主义新农村，其中涉及环境问题的就是村容整洁。2018 年发布的中央一号文件，提出实施乡村振兴战略，其中的重要一环便是生态宜居，绿色农村是其目标。牧民赖以生存的基础是草场，草地于牧民比村容于农民更为紧密。为了暂时的经济发展牺牲草场，必然陷入恶性循环。

二、乡村振兴战略下牧区新型城镇化发展的模式选择

2012 年 11 月，党的十八大报告首次对新型城镇化作出定义，即“坚持走中国特色新型工业化、信息化、城镇化、农业现代化道路”，同年召开的中央经济工作会议提出“要走‘集约、智能、绿色、低碳’的新型城镇化发展道路”，为我国的新型城镇化发展指明了方向，标志着我国的城镇化建设进入了新时期。党的十九大首次提出乡村振兴战略。在新时代我国社会主要矛盾发生转变的前提下，乡村发展要求由城乡统筹转变为城乡融合，发展目标由农业现代化向农业农村现代化发展。实现乡村振兴战

略，民族地区是难点，也是重点，尤其在牧区，自然环境恶劣、社会发育程度低、市场经济不发达，牧民思想观念保守、贫困问题突出。因此，牧民的城镇化进程不能“一刀切”，要符合草原文化和生活习惯，充分考虑进入城市后的就业、生活方式、饮食习惯等，对于迁入城镇意愿不强烈的牧民可以选择留在当地。

（一）小城镇

内蒙古有 103 个旗县（区），旗县城关镇 69 个，建制镇 388 个，共 1234 个乡镇苏木街道。其中，国家级特色小镇 12 个，自治区级特色小镇 24 个。全区重点开发区域包括 39 个旗县（市、区）和 74 个其他重点开发城镇；农产品主产区包括 21 个旗县（区）和 123 个国家重点产粮乡镇；重点生态功能区包括 41 个旗县（市、区）；还有 77 个镇被确定为点状开发城镇。基于这种特定的功能区定位，需要牢牢守住生态优先、绿色发展这条主线，坚持“小城镇，大战略”，分类施策，特色化、互动式发展，强化旗县城和小城镇连接城乡的重要节点、纽带作用，推动做好旗县城与小城镇统筹规划、同步建设，打造各具特色的小城镇，形成定位清晰、特色鲜明、功能完善、生态宜居的现代城镇体系。

1. 完善社会保障制度

农牧民工处于社会的底层，面临的生活风险较大，完善的社会保障是牧民彻底市民化的关键。这样牧民可以放心养老、医疗、住房等，而不是担心经济困难时生活无着。当前社会保障的难点在于，城市承担巨大的人口压力，教育、就业等方面的竞争不断加剧，导致市民对外来农民工比较排斥。心理歧视阻碍了农民工的市民化。牧民带草场进城务工、城市容纳能力的提高都是行之有效的途径。

2. 加快改革户籍制度

户籍使进城牧民游离于城市和农村之间，从形式到内容都无法安定。落户是牧民成为市民的重要一环。我国已经逐步放开小城镇、中等城市落户的条件，这对于农民工进城享有城市居民的公共福利和服务是极为有利的。但对于户籍背后携带的福利和优惠的改革应该跟进。户籍代表身份的差异，改革的滞后延长了农民工融入城市的时间。

3. 重塑城乡关系

小城镇和农民工为二元结构的模糊地带，努力促进城乡协调是未来的发展方向。但是，中国改革开放40多年来，内蒙古的经济一直是二元结构的经济，农业剩余劳动力的无限供给是内蒙古经济发展的重要源泉。为了消除城乡二元结构，鼓励牧民进入城市，应充分利用国家的政策优势。2003年召开的中共十六届三中全会明确提出："要建立有利于逐步改变城乡二元经济结构的体制。"党的十七大报告提出："要形成城乡经济社会一体化的新格局。"党的十七届三中全会指出："城乡二元结构是'三农'问题的病根，我国总体上已进入以工促农、以城带乡的发展阶段，着力破除城乡二元结构，形成城乡经济社会发展一体化新格局的重要时期。"

（二）就地城镇化

应该以乡村振兴战略为契机，加快推进就地城镇化，大力发展当地经济，解决部分牧民不愿离开草原又能享有城市生活的难题。

1. 推进新型牧区建设

内蒙古牧区草原文化资源丰富，对于塑造牧区城镇化品牌的整体形象、提升品牌推介具有得天独厚的优势。

对于决策部门来说，城镇化品牌建设首先要厘清各个牧区城镇所承载的历史文化内涵和资源环境特色；其次要注重文化根脉的传承性与延续性，不能因为过度开发而造成文化资源流失。同时，城镇化品牌建设应在草原文化这一环境下进行，探索各个牧区的主体文化，找准文化特色，对城镇品牌进行准确定位和设计，塑造各具特色的城镇化品牌形象，打造"一城一风格，一镇一特色"的北疆亮丽风景线。

就地城镇化不是将城市的楼房、街道、设施简单地转移到牧区，应该结合牧民的发展意愿和想法，根据各地区的特点，制定不同的发展道路。如牧民住房的设计应结合牧民实际生活生产需要，遵循牧民的利益诉求；发展地区经济时，不能破坏地区环境和资源。地区地理位置好，经济要素完备，基础设施的投入不断增加，道路、水、电、通信等不断完善，牧民能就地享有优质的公共服务，地区传统文化保护完整，这才是就地城镇化的目标景象。

2. 拓宽增收渠道，发展畜牧业的产业化和现代化

缩小收入差距是牧区城镇化的一个重要的出发点。随着部分牧民外出务工，草场面积不断集中，牧业的机械化程度提高，保护了草场的生态平衡，相应增加了牧民的收入。为带动牧业的持续发展，特色农业是牧区发展的支撑点。按照市场经济规律，以需求为导向，充分挖掘地区优势，使产品逐渐形成品牌，牧民增收的渠道不再单一。转变牧区的产业经营方式，改变过去以畜牧养殖业为主体的产业形式，发展清洁型工业，打造在牧区才能够发展的具有鲜明特色的第二、三产业。

3. 传承民族文化

传统的游牧文化、草原文明和人文景观是牧民生存和发展的基础，在城镇化的进程中，以打造特色牧区城镇为契机，将文化和旅游产业紧密结合。农业专家陈锡文曾指出，第一与第二、三产业很好结合的表现形式就是农村的旅游业。融入地区传统文化和地区优势的新产业，不仅可以发展地区经济，还可以促进东西方文化的交流。

因此，推进以民族文化为载体的新型城镇化建设，要根据不同民族地区的自然历史文化条件、区域差异性及不同民族的文化形态多样性，发展有历史记忆、文化脉络、地域风貌、民族特点的美丽城镇，形成建筑风格、产业优势、文化标识独特的少数民族特色小镇保护与发展模式。

在牧区发展旅游，要合理利用牧区已有资源，在重视保护历史文化遗产、民族文化风格和传统建筑风貌的同时注重融入现代元素，打造具有时代感、符合现代人审美需求的文化街区、特色小镇。在城镇建设过程中，建筑风格要符合地方自然规律，不可千篇一律，深入挖掘历史文化底蕴，以特色鲜明、主题多样的形式打造特色旅游文化街区，推进新型民族特色城镇化建设。

4. 走绿色发展之路——人与自然的和谐共生

“绿色是内蒙古的底色和价值，生态是内蒙古的责任和潜力。”可持续发展的理念对于民族地区而言更为重要，因为草地是牧民生存的基础，维

护草场植被的持续利用是畜牧业发展的基础，是牧民持续增收的支撑。草场超载、环境污染、无节制的开采等使草地退化，民族地区的经济发展受到影响。保护环境，改变单纯依靠草场的经济发展模式，发展畜草发展的产业链经营，不仅有利于牧区产业发展的多元化，还有利于实现牧民的多渠道就业。

牧区生态具有敏感性强、脆弱性强、可破坏性强的特点，牧区城镇化建设应坚持以生态优先、绿色发展为导向的高质量发展道路。拥有丰富旅游资源的牧区，应坚持因地制宜地发展绿色经济，摒弃高耗能、高污染企业，积极开发旅游资源，推动草原文化“走出去”。拥有丰富资源的小城镇，应有生态保护的战略定力，建立健全相关法律法规，健全环境保护机制，坚决惩治破坏生态环境的违法行为。拥有特色优势畜牧产业的地区，应以畜牧业为基础，推动畜牧业产业化发展，实施规模化经营，引进新技术、新工艺、新设备，推动畜牧业规模化、精细化、品牌化发展，同时发挥文化辐射带动作用，推动草原文化创意产业开发，带动第三产业发展。

草场是畜牧业发展的基础，是人民生活的保障，要大力保护草地植被。近年来，环境不断被破坏，土地沙化面积不断增大，草原植被受到不同程度的人为破坏。为保护生态环境，牧区实施草原生态补助奖励机制、退牧还草工程、京津风沙源治理工程等，取得了一定的成效。另外，坚持禁止人为破坏草地行为。脆弱的草原生态系统遭到破坏后很难恢复到之前的状况。草场受到损坏，影响最大的还是牧民的牛羊以及相关乳品产业。为此，无论是对于农牧民的生产生活还是地区经济的持续发展，保护草原都是至关重要的。

（三）牧区现代化

牧区新型城镇化是一个从落后奔向小康的过程，艰难而漫长，需要调动一切积极因素，激发各方面活力。未来的发展方向是牧区现代化。牧区现代化不仅是牧区新型城镇化建设的有力抓手，牧区现代化试点建设工作还是政府实施牧区乡村振兴战略的重要部署，是积极探索以生态优先、绿色发展为导向的牧区现代化高质量发展新路子的具体实践。按照《中共中

央 国务院关于实施乡村振兴战略的意见》的总体部署，立足于草原牧区的客观实际，加速推进牧区现代化，对于民族团结、边疆稳固等有重要的现实意义和理论价值。

第一，着力构建现代农牧业产业体系。落实好《内蒙古自治区党委、自治区人民政府关于实施乡村振兴战略的意见》和《内蒙古自治区人民政府关于加快推进生态宜居县城建设的意见》，不断优化提升县城产业结构，增强承接产业转移的能力。加快产业向聚集区及城镇周边集中，城镇公共服务向产业聚集区延伸覆盖，着力带动小城市培育、中心镇发展和美丽乡村建设，加快形成以工促农、以城带乡、工农互惠、城乡融合的新型城乡关系。

此外，提高绿色农畜产品加工转化率和精深加工度，强化名优特精品牌的培育与市场推广，推动第一、二、三产业高质量融合发展，努力实现牧业强、牧区美、牧民富的目标，不断提升边疆少数民族地区群众的获得感、幸福感。

第二，牢固树立“绿水青山就是金山银山”的理念。畜牧业是牧区的基础产业，而草原是畜牧业的载体。面对草场局部退化问题，如何转变牧区发展方式、优化牧区发展环境、增强草原承载力，努力走出一条以生态优先、绿色发展为导向的高质量发展新路子是当前牧区要重点解决的问题。

为此，内蒙古要按照国家“促进生产空间集约高效、生活空间宜居适度、生态空间山清水秀”的总体要求，构建耕地、林草、水系、绿带等生态廊道，提高工业用地投入产出效益和城镇居民生活质量，严格保护并拓展城市开敞绿色空间。高效利用和保护内蒙古广袤的土地和丰富的自然资源，走以人为本、生态优先、绿色发展、文化传承、合理布局的多中心带动、多层级联动、多节点互动的新型城镇化道路。

第三，着力增加牧民收入。加快推进牧区现代化建设，让广大牧民群众共享改革发展成果，不断提升农牧民幸福指数。解决牧区的绝对贫困，确保牧民生活全面改善，实现牧区贫困人口全部脱贫、贫困旗县全部摘帽，让广大草原牧区牧民同全区各族人民一起大步跨入全面小康社会，既是乡村振兴战略中的牧区振兴的基础，也是我国城镇化的目标。

第四，大力培养新型牧民。造就一支懂牧业、爱牧区、爱牧民的“三牧”工作队伍，为牧区振兴提供人才保障和智力支持。

第五，牧区现代化要按照乡村振兴战略的要求推进。通过“产业兴旺、生态宜居、乡风文明、治理有效、生活富裕”，实现牧业强、牧区美、牧民富。

第四节　乡村振兴视域下牧区新型城镇化对策

一、优化产业结构

（一）转变经济增长方式，实现畜牧业产业化经营

在牧区推进畜牧业实现产业化经营，提高畜产品的市场竞争力。一旦形成规模经营的畜产品加工业，将带动相关产业共同发展，如牛羊肉、乳制品、包装业、运输业，能够创造更多的创业和就业机会。随着我国经济的蓬勃发展，国民生活水平得到了大幅度提高，消费需求也在不断向高质量进化，对食品质量的要求也越来越高。在草原生产的畜产品符合绿色食品的标准。特别是对于内蒙古而言，内蒙古自治区本身对畜产品的需求就高，目前畜产品之间的竞争已经不再是过去低端的价格竞争。今后的市场竞争更多的是来自多方面的综合竞争。因此，畜产品能否更快地实现产业化进程，是畜牧业发展能否经得住时间和市场的考验而不被淘汰的根本保障，也是实现牧区新型城镇化的一大助力因素。

（二）加快第二、三产业发展，创造更多就业机会

转变牧区的产业经营方式，改变过去以畜牧养殖业为主体的产业形式，发展清洁型工业，打造在牧区才能够发展的具有鲜明特色的第二、三产业。例如，首先，可以在城镇附近自然风光比较好的草原上打造牧区生活体验区，让游客体验到不一样的生活。就像某综艺节目在呼伦贝尔大草原上开展的生活体验项目。其次，可以通过加强对牧民的专业技能培训，

使其掌握更多的专业技巧。如内蒙古自治区在 2015 年开展的“春潮行动”，旨在对农牧民开展职业技能培训，加强内蒙古新型职业农牧民教育培训和农村牧区实用人才培养力度，规范教育培训和人才培养行为。最后，可以通过对现有户籍制度进行改革，消除人为障碍，保证牧区牧民能够顺利进城，促进劳动力的合理流动，从而建立城乡统一的劳动力市场。

二、完善政府职能

（一）强化牧区政府的责任意识，积极转变政府职能

牧区政府在推进城镇化建设中，除了要严格遵循政府建制原则与运行机理外，更需从牧区新型城镇化的特殊环境和特殊要求出发，在国家治理现代化的全新要求下，在宪法和自治法框架内，理顺各级政府间和政府部门内部各部门的责权、事权、财权关系。基于此，应强化牧区政府的责任意识，积极转变政府职能，使其在牧区新型城镇化建设中起到关键性作用。

（二）拓宽小城镇建设融资渠道

只有拓宽小城镇建设的融资渠道，才能使牧区新型城镇化建设更加顺利。国家对城镇化建设的重视，为小城镇建设带来了利好。牧区可以依托兴边富民等项目，争取更多的建设项目，筹措更多的小城镇建设资金；牧区也应加快经济结构调整，尤其是促进地方税源主体产业发展，增强自身财政收入能力，促进小城镇建设；继续推动牧民公积金项目，吸引更多基层牧民进城，促进城镇化发展。

（三）加强对小城镇建设的规划管理

只有做到以下三点，才能在加强小城镇建设管理规划的过程中高质量地实现牧区新型城镇化。首先，地方主管部门应就小城镇开发制定详细发展规划，使热力公司、自来水公司、物业、电力、通信等部门能够提前部署好管线格局，不至于出现“开发一座楼，就挖开一条街”的现象，避免资源浪费。其次，要提高房地产公司的准入门槛，尽量引进资金实力比较强、施工技术强的企业，限制施工技术比较弱的个人合伙开发商，以保证

城镇化建设项目的质量与安全。最后，城镇街道路面建设要注重长期性，不要在短期内频繁更换，浪费大量的人力、物力、财力。

（四）加强廉租保障房管理

建设廉租住房是我国的重要决策，也是改善广大低收入群体住房条件、抑制房价过快增长的重要手段。管理部门应与公安、社保、劳动人事、金融部门进行协作，对申请人的信息进行认真核查；对已入住的住户，要建立廉租房住户登记复查制度，以维护社会公平公开和社会稳定，最终使之成为牧区城镇化的重要保障。

（五）抑制房价过快增长

房价过快增长抑制了大部分购房人的合理需求，加大了广大城乡贫困居民的负担，也不利于牧区新型城镇化进程的加快。习近平总书记曾说过“房子是用来住的”，因此，政府部门应加强廉租房建设，分流普通住宅房需求；金融及住房公积金部门应认真执行住房金融贷款政策，限制二套房或三套房消费，抑制房价快速增长，从而降低广大城乡贫困居民的负担，使从牧区走向城镇的牧民有房住，最终推动牧区新型城镇化向纵深发展。

（六）加强社会事业和社会保障，推进公共服务体系建设

在牧区，牧民一般除了参加牧民合作医疗保险、部分牧民享有最低生活保障外，就没有其他生活保障了。在牧区，年轻时多挣钱、养育子女来防老是普遍存在的观念，如果没有其他收入来源，只能依靠放牧。

首先，牧区应当鼓励发展加工业，扩大产业化经营；其次，还要通过开展就业培训，牧区帮助中、青年牧民找到一份能够发挥个人特长、称心的工作；再次，在牧区提倡科学养殖、科学放牧，加强养殖科学技术的培训，提高牧民的养殖技能水平，促进科学养殖；最后，还要加大对社会服务业的投入，完善牧区最低生活保障制度，加快基础设施的建设，不光要提高牧民的收入水平，还要提高牧民的生活水平。

（七）提升民族事务治理现代化水平

贯彻落实依法治国基本方略，坚定不移地用法律来保障和巩固民族团结。健全民族工作法律法规体系，坚持法律面前一律平等，依法保障各民

族公民合法权益。加强民族政策及法律法规执行情况监督检查。积极预防和依法妥善处理影响民族团结的矛盾纠纷，综合运用法律、教育、协商、调解等方法化解。坚决反对和纠正针对特定民族成员的歧视性做法。

三、改善教育条件

如何提高牧区的教育水平，与如何不让在外就学或已经毕业的高素质人才流失，是同样困难的问题。改变牧区教育方面基础设施薄弱的现状，不光需要社会的大力协助，还需要个人的积极主动参与。牧区的教育应该满足牧区的发展需要，为牧区的社会经济发展服务。要发挥教育应有的引导作用，完善制度建设，提高牧区教师的待遇，在城镇中培养浓厚的学习氛围，使人人都参与到学习型社会的建设中来，从而促进牧区新型城镇化的发展。

四、完善社会结构

（一）发挥品牌引领作用

“将一个城市和一座乡村区别开来的不是它的范围和尺度，而是它与生俱来的城市精神。”城市精神是一种意志品格与文化特色的精确提炼，凝聚着城镇的思想和灵魂，彰显着城镇的特色，引领着城镇的未来发展。

品牌宣传和推广是城镇品牌建设的重要手段。在选择广告、体育赛事、大型活动等多样媒介进行针对性宣传和推广的基础上，更重要的是要从受众的角度进行全方位推介。在遵循声誉价值原则的前提下，从战略上提高对城镇品牌的宣传和推介的重视程度，在充分并深入地了解受众的城镇旅游、投资、求学、居住等动机和情感体验的基础上实现有效互动，讲好牧区城镇品牌故事。

首先，将城镇的不同受众视为品牌的塑造者和参与者，采用走访、听证会、搭建沟通平台等方式，让其积极参与到城镇品牌建设的初始调研、定位、设计、塑造、传播和管理的整个过程，充分理解城镇品牌建设的意义，明晰城镇品牌无形资产的价值，增强受众的品牌意识，成为城镇品牌传播大使。其次，积极申报不同类型、领域的品牌推广日、纪念日等，围绕牧区城镇自身文化特色举办节庆活动，促进宣传、新闻出版、旅游、文化、交通、财政等部门的积极参与和有效合作，充分调动城镇居民及利益相关者参与到城镇品牌建设中，通过城镇不同受众的充分参与，奠定坚实的群众根基。

城镇品牌作为城镇最为重要的无形资产，牧区城镇的健康可持续发展需要增强城镇品牌资产的积累意识、发挥城镇品牌的引领作用。对城镇无形资产积累作出长远的发展规划，在传统的战略管理理论指导下对城镇声誉建设和城镇战略规划等给予应有的重视和尊重，建立、传播和管理城镇品牌资产的营销计划，树立战略性的城镇品牌管理机制。

牧区新型城镇化不仅仅是一句口号，也不仅仅是衡量牧区发展水平的一个指标。它是一项切切实实可以提高牧民生活水平、提高牧民幸福指数的政策。如果想要将牧区新型城镇化带来的好处落到实处，就一定要明白城镇化的本质。城市与牧区农村最大的差别并不在于经济发展水平的高低，而在于精神上的差异。

因此，如果想要在真正意义上实现牧区城镇化，就一定要在牧区城镇化的过程中塑造城市精神，发挥品牌的引领作用。在绿色的基础上让大家了解该城镇的特色，并在精细化管理与大力宣传的作用下，将该城镇的特色印入大家的脑海中。

（二）充分考虑民族差异性

牧区多是少数民族聚居区，风俗习惯与其他地区有所不同。这就要求在牧区新型城镇化过程中充分考虑民族差异性，尊重少数民族文化习俗，不能因城镇化而引发民族矛盾。要打消少数民族群众对城镇化的误解与疑虑，充分保护和传承民族文化，不能因推行城镇化而破坏民族文化，争取少数民族群众对城镇化的理解与支持。

（三）改变牧民思想观念，向城镇生活转变

改变牧民的思想观念，就是让牧民培养出富有正能量的生活方式和思想方式。这将对牧区的城镇化建设起到不小的推动作用。牧民在迁入城镇

后，难免有一些不适应。但是可以逐步改变牧民的思想观念，渐渐地培养正能量的生活方式和社会风尚，培养牧民的自信心，使牧民能够更快地接受城镇生活，这也是加快城镇化的重要方式。

对于一些坚持从事畜牧业生产的牧民，需要尊重他们的意愿，通过各种方式改善生活在牧场中的牧民的生活环境，不一定非要将人口搬迁到城镇。改善基础设施，对公路进行修整，使每一个牧场都能够被公路连接，走出一条以分散居住为形式的新型城镇化道路。将公路作为连接每个牧场的重要纽带，实行就地城镇化。

参考文献

[1]《我国农民工工作“十二五”发展规划纲要研究》课题组,韩俊,汪志洪,等. 中国农民工问题总体趋势:观测“十二五”[J]. 改革,2010(8).

[2]埃比尼泽·霍华德. 明日的田园城市[M]. 北京:商务印书馆,2000.

[3]安俊义,杭栓柱. 内蒙古经济挂钩分析[J]. 北方经济,2012.

[4]白南生,宋洪远,等. 回乡,还是进城?——中国农村外出劳动力回流研究[M]. 北京:中国财政出版社,2002.

[5]包利军,李赫赫. 内蒙古“十一五”时期服务发展状况及今后的发展思路[J]. 北方经济,2011(15):24-28.

[6]蔡昉. 劳动力迁移和流动的经济学分析[J]. 中国社会科学季刊(春季卷),1996:120-135.

[7]蔡昉. 农民工市民化有利于提高劳动参与率[N]. 人民日报,2013-02-05.

[8]蔡昉. 中国的二元经济与劳动力转移——理论分析与政策建议[M]. 北京:中国人民大学出版社,1990.

[9]蔡昉. 中国人口流动方式与途径(1990—1999年)[M]. 北京:社会科学文献出版社,2001.

[10]蔡俊豪,陈兴渝. “城市化”本质含义的再认识[J]. 城市发展研究,1999,6(5):22-25.

[11]曹阳. 中国农业劳动力转移宏观经济结构变动[M]. 武汉:湖北人民出版社,1999.

[12]陈吉元,等. 论中国农业剩余劳动力转移——农业现代化的必由之路[M]. 北京:经济科学出版社,2007.

[13]程春满,王如松. 城市化取向:从产业理念转向生态思维[J]. 城市发展研究,

1998,5(5):15－19.

[14]迟福林,殷仲义. 城市化时代的转型与改革[M]. 北京:华文出版社,2010:15－26.

[15]仇保兴. 第三次城市化浪潮中的中国范例——中国快速城市化的特点、问题与对策[J]. 城市规划,2007,31(6):123－129.

[16]仇保兴. 关于城市化的若干问题[J]. 宏观经济研究,1999(4):12－17.

[17]崔功豪. 近十年来中国城市化研究的进展[J]. 地域研究与开发,1989,8(1):1－5.

[18]崔晓黎. 城乡户籍制度改革与政策建议[J]. 今日中国论坛,2009(1):18－21.

[19]达林太,郑易生. 牧区与市场:牧民经济学[M]. 北京:社会科学文献出版社,2010:158－171.

[20]达林太,郑易生. 真过牧与假过牧——内蒙古草地过牧问题分析[J]. 中国农村经济,2012(5):4－18.

[21]达林太. 矿产资源开发利益分配研究——以内蒙古为例[M]. 北京:社会科学文献出版社,2014.

[22]邓鸿勋,陆百甫. 走出二元结构——农民工市民化[M]. 北京:社会科学文献出版社,2012.

[23]杜能. 孤立国同农业和国民经济的关系[M]. 北京:商务印书馆,1986.

[24]杜雪梅. 内蒙古城镇化过程中失地农民就业保障问题研究[D]. 呼和浩特:内蒙古大学,2011.

[25]段杰,李江. 中国城市化进程的特点动力机制及发展前景[J]. 经济地理,1999,19(6):79－83.

[26]樊杰,刘毅,陈田,等. 优化我国城镇化空间布局的战略重点与创新思路[J]. 中国科学院院刊,2013(1):20－27.

[27]范恒山,陶良庶. 我国城镇化的现状、障碍与推进策略[M]. 北京:人民出版社,2009.

[28]费孝通. 论中国小城镇的发展[J]. 经济研究参考,1996(3):40－43.

[29]冯尚春. 中国农村城镇化动力研究[D]. 长春:吉林大学,2004.

[30]冯先宁,文峰,蒙岭梅. 城镇化的主体行为分析[J]. 天府新论,2004(4):61－63.

[31]甘丹丽. 新型城镇化背景下的农民市民化:制度冲突与路径选择[J]. 内蒙古

社会科学(汉文版),2014(2):115－118.

[32]高佩义. 中外城市化比较研究[M]. 天津:南开大学出版社,1991.

[33]高晓霞. 内蒙古城镇化发展现状及问题分析[J]. 内蒙古科技与经济,2014(4).

[34]工业化与城市化协调发展研究课题组. 工业化与城市化关系的经济学分析[J]. 中国社会科学,2002(2):44－55.

[35]巩芳,李婷. 内蒙古城镇化与生态环境协调发展分析[J]. 资源开发与市场,2014(9).

[36]辜胜阻,成德宁. 户籍制度改革与人口城镇化[J]. 经济经纬,1998(1):49－53.

[37]辜胜阻,简新华. 当代中国人口流动与城镇化[M]. 武汉:武汉大学出版社,1994.

[38]辜胜阻,刘传江,钟水映. 中国自下而上的城镇化发展研究[J]. 中国人口科学,1998(3):1－10.

[39]辜胜阻,刘传江. 人口流动与农村城镇化战略管理[M]. 武汉:华中理工大学出版社,2000.

[40]辜胜阻. 非农化与城镇化研究[M]. 杭州:浙江人民出版社,1991.

[41]顾朝林,吴莉娅. 中国城市化研究主要成果综述[J]. 人文地理,2008(12):2－12.

[42]顾朝林,于涛方,李王鸣,等. 中国城市化:格局·过程·机理[M]. 北京:科学出版社,2008.

[43]顾朝林. 改革开放以来中国城市化与经济社会发展关系研究[J]. 人文地理,2004,19(2):1－5.

[44]顾朝林. 中国城镇体系:历史·现状·展望[M]. 北京:商务印书馆,1992.

[45]郭克莎. 中国工业化的进程、问题与出路[J]. 中国社会科学,2000(3):60－71.

[46]郭娅清. 城市化进程对城市生态环境的影响研究[D]. 长沙:湖南大学,2007.

[47]国务院发展研究中心课题组,刘世锦,陈昌盛,等. 农民工市民化对扩大内需和经济增长的影响[J]. 经济研究,2010(6).

[48]国务院发展研究中心课题组. 农民工市民化——制度创新与顶层政策设计[M]. 北京:中国发展出版社,2011.

[49]杭栓柱,朱晓俊,等."十三五"期间推进内蒙古新型城镇化的若干思考[J]. 前

沿,2015(7).

[50]赫希．城市经济学[M]. 刘世庆,等,译．北京:中国社会科学出版社,1990.

[51]侯安宏,高晓霞,等．大力发展农牧业产业化,推进内蒙古城镇化建设[J]. 内蒙古农业科技,2006(4).

[52]侯晋封．中国农民工流动就业问题研究[D]. 北京:中共中央党校,2009.

[53]胡鞍钢．城市化是今后中国经济发展的主要推动力[J]. 中国人口科学,2003(6):5－12.

[54]胡杰成．农民工市民化研究[M]. 北京:知识产权出版社,2011.

[55]胡序威,周一星,顾朝林,等．中国沿海城镇密集地区空间聚集与扩散研究[M]. 北京:科学出版社,2000.

[56]黄金川,方创琳．城市化与生态环境交互耦合机制与规律性分析[J]. 地理研究,2003,22(2):211－220.

[57]黄锟．城乡二元制度对农民工市民化影响的实证分析[J]. 中国人口·资源与环境,2011(3).

[58]黄锟．中国农民工市民化制度分析[M]. 北京:中国人民大学出版社,2011.

[59]黄琪,张伟．大都市地区县域城乡空间融合发展的理论框架[J]. 现代城市研究,2010(10):74－79.

[60]黄燕芬,丁力．中国城市化进程中的社会问题分析[J]. 河北学刊,2013,33(1):116－121.

[61]贾若祥,刘毅．中国半城市化问题初探[J]. 城市发展研究,2002,9(2):19－23.

[62]简新华,黄昆,等．中国工业化和城市化过程中的农民工问题[M]. 北京:人民出版社,2008.

[63]姜爱林．"城市化"和"城镇化"基本涵义研究述评[J]. 株洲师范高等专科学校学报,2003,8(4):46－50.

[64]姜爱林．21 世纪初用信息化推动城镇化的战略选择[J]. 经济学动态,2001(9):46－48.

[65]姜爱林．论城镇化与工业化的关系[J]. 社会科学研究,2002(6):26－29.

[66]焦秀琦．世界城市化发展的 S 型曲线[J]. 城市规划,1987(2).

[67]金三林．农民工市民化的主要障碍及政策取向[J]. 学习时报,2011(9).

[68]居锦文．中国的城镇化与小城镇化发展[M]. 北京:中国社会科学出版

社,2013.

[69]柯美录. 加速城镇化发展的对策研究[J]. 经济问题,2002(8):12-14.

[70]兰景力. 中国农村劳动力转移的制度完善研究[D]. 哈尔滨:东北林业大学,2011.

[71]勒施. 经济空间秩序:经济财货与地理间的关系[M]. 王守礼,译. 北京:商务印书馆,2010:12.

[72]李国平. 我国工业化与城镇化的协调关系分析与评估[J]. 地域研究与开发,2008,27(5):6-11,16.

[73]李克强. 问路城镇化——协调推进城镇化是实现现代化的重大战略选择[J]. 中国报道,2013(3):18-25.

[74]李培林. 农民工:中国进城农民工的经济社会分析[M]. 北京:社会科学文献出版社,2003.

[75]李强. 农民工与中国社会分层[M]. 北京:社会科学文献出版社,2011.

[76]李通屏. 人口经济学[M]. 北京:清华大学出版社,2008.

[77]李文. 城市化滞后的经济后果分析[J]. 中国社会科学,2001(4):64-75.

[78]李香兰. 内蒙古推进新型城镇化的着力点[J]. 理论研究,2015(3).

[79]李勇,李杰夫,周雪峰. 我国财政转移支付发展及内蒙古地方财政均等化效应分析[J]. 内蒙古金融研究,2008(1):21-24.

[80]厉以宁. 牧区城镇化的新思路[J]. 北京大学学报(哲学社会科学版),2012(1).

[81]厉以宁. 中国城镇就业研究[M]. 北京:中国计划出版社,2001.

[82]厉以宁. 转型发展理论[M]. 北京:同心出版社,1996.

[83]梁进社. 城市化与国民经济发展之关系的理论分析[J]. 自然资源学报,1999,14(4):351.

[84]梁小民,姚开建. 西方经济学名著精览[M]. 北京:中国物资出版社,1998.

[85]林国先. 论城镇化的道路选择与制度供给[J]. 中国农村经济,2002(8):23-25.

[86]刘景春. 鄂伦春自治旗经济发展问题研究[D]. 北京:中央民族大学,2013.

[87]刘妮娜,刘诚. 合理、有序推进中国人口城镇化的路径分析[J]. 经济学家,2014(2):21-27.

[88]刘小年. 农民工市民化与户籍改革:对广东积分入户政策的分析[J]. 农业经

济问题,2011(3).

[89]刘艳军．我国产业结构演变的城市化响应研究[D]．长春:东北师范大学,2009.

[90]刘易斯,芒福德．城市发展史[M]．倪文彦,等,译．北京:中国建筑工业出版社,1989.

[91]刘易斯．经济增长理论[M]．北京:商务印书馆,1983.

[92]刘永佶．论中国农村土地制度的改革[J]．中国特色社会主义研究,2014(1).

[93]罗斯托．经济增长的阶段[M]．北京:商务印书馆,1962.

[94]马保平,张贡生．中国特色城镇化论纲[M]．北京:经济科学出版社,2008:108－115.

[95]马尚云,李慧勇．内蒙古城市化进程中民族问题的表现及对策研究[J]．内蒙古大学学报(哲学社会科学版),2011,43(2).

[96]马永欢,张丽君,徐卫华．科学理解新型城镇化推进城乡一体化发展[J]．城市发展研究,2013,20(7):98－103.

[97]玛楠．内蒙古城镇化发展现状、问题及对策研究[D]．呼和浩特:内蒙古大学,2012.

[98]内蒙古城镇化研究课题组,樊铁英．内蒙古城镇化进程与发展趋势研究报告二——内蒙古城镇化发展质量评价及发展思路[J]．内蒙古统计,2013(4).

[99]内蒙古经济结构分析课题组,安俊义,杭栓柱．内蒙古经济结构分析[J]．北方经济,2007(17):7－9.

[100]内蒙古自治区《经济资源》编辑委员会．内蒙古自治区经济资源[M],2012.

[101]内蒙古自治区国民经济和社会发展第十二个五年规划纲要[N]．内蒙古日报,2011－01－28.

[102]宁越敏,李健．让城市化进程与经济社会发展相协调——国外的经验与启示[J]．求是,2005(6):61－63.

[103]宁越敏．新城市化进程——90年代中国城市化动力机制和特点探讨[J]．地理学报,1998,50(5):88－95.

[104]祁泉淞．资源型城市经济转型的模式研究[J]．特区经济,2010(8):238－239.

[105]秦明．我国城市化进程中的“人本思想”研究[D]．大连:大连理工大学,2005.

[106]申兵. 我国农民工市民化的内涵、难点及对策[J]. 中国软科学,2011(2).

[107]石淑华. 中国特色城镇化:学术内涵、实践探索和理论认识[J]. 江苏社会科学,2015(4).

[108]童中贤. 中国城市化大趋势[M]. 北京:知识产权出版社,2012.

[109]涂晓芳,黄莉培. 基于整体政府理论的环境治理研究[J]. 北京航空航天大学学报(社会科学版),2011,24(4).

[110]王本兵. 我国城镇化发展的制度创新研究[D]. 青岛:中国海洋大学,2011.

[111]王秉军,杭栓柱. 实施国家重化工业"西移"战略,将内蒙古建设成为国家重要的能源重化工基地[J]. 北方经济,2012(2).

[112]王春光. 中国城市化与社会结构变迁[J]. 中国农业大学学报(社会科学版),2008,25(3):55-67.

[113]王春枝,斯琴,樊铁英. 内蒙古新型工业化与城镇化相互支撑作用研究[J]. 经济研究,2015(4).

[114]王关区,刘小燕. 内蒙古农牧业转移人口市民化的制约因素探析[J]. 理论研究,2015(3).

[115]王海娟. 行政生态下内蒙古社会治理的区域性设计[J]. 前沿,2015(8).

[116]王建兵. 基于动力机制分析的甘肃省城镇化发展的对策与建议[J]. 小城镇建设,2011(6):55-57.

[117]王利华. 基于产业集群的农村城镇化模式研究[D]. 西安:西北大学,2004.

[118]王秋石. 制度借鉴和学习以及制度同型化[J]. 当代财经,1995(7).

[119]王淑玲. 我国西部地区矿产资源优势综合评价[D]. 北京:中国地质大学,2013.

[120]王小鲁. 城市化与经济增长[J]. 经济社会体制比较,2002(1):23-32.

[121]王一鸣,杨宜勇,史育龙,等. 关于加快城市化进程的若干问题研究[J]. 宏观经济研究,2000(2):3-11.

[122]温铁军."三农"问题与制度变迁[M]. 北京:中国经济出版社,2009.

[123]王章辉,黄柯可. 欧美农村劳动力的转移与城市化[M]. 北京:社会科学文献出版社,1999.

[124]吴莉娅. 全球化视角下城市化动力机制研究进展初探[J]. 苏州大学学报(哲学社会科学版),2008(3):6-10.

[125]吴亦明. 中国社会保障制度[M]. 南京:南京师范大学出版社,2000.

[126]吴友仁. 关于我国社会主义城市化问题[J]. 城市规划,1979,3(5):13-25.

[127]武晓艺. 依法科学规划推进新型城镇化发展[J]. 城市发展研究,2014,21(01):14-17.

[128]习近平. 习近平在中央城镇化工作会议上发表重要讲话[N/OL]. 新华社,2013-12-16. http://www.gov.cn/zhuanti/2014-04/03/content_2652474.htm.

[129]肖伟. 公共服务均等化视角下的流动人口管理制度创新[D]. 上海:复旦大学,2008.

[130]徐红梅,李轨. 国内城市化发展区域水平差异研究综述[J]. 城市问题,2010(6):29-34.

[131]徐元明. 失地农民市民化的障碍与对策[J]. 现代经济探讨,2004(6):37-40.

[132]徐珍源,蔡赞,孔祥智. 改革30年来中国农地制度变迁、评价及展望[J]. 中共济南市委党校学报,2009(1):10-14.

[133]许成安,戴讽. 城市化本质及路径选择[J]. 淮阴师范学院学报(哲学社会科学版),2002(4):444-449.

[134]许学强,周一星,宁越敏. 城市地理学[M]. 北京:高等教育出版社,1997:80-100.

[135]许学强. 城市化空间过程与空间组织和空间结合[J]. 城市问题,1986(3):4-8.

[136]许学强. 我国城镇体系的演变和预测[J]. 中山大学学报(哲社版),1982,25(3):40-49.

[137]严正等. 中国城市发展问题报告[M]. 北京:中国发展出版社,2004:17-23.

[138]杨刚强. 中部地区农产品加工业发展研究[D]. 武汉:武汉大学,2010.

[139]杨新宇. 县域农村城镇化发展的动力机制研究[D]. 西安:西北大学,2003.

[140]姚士谋,王成新,解晓南. 21世纪中国城市化模式探讨[J]. 科技导报,2004(7):48-51.

[141]姚士谋. 中国的城市群[M]. 合肥:中国科学技术大学出版社,1992.

[142]叶裕民. 中国城市化之路:经济支持与制度创新[M]. 北京:商务印书馆,2001.

[143]易鹏. 中国新路——新型城镇化路径[M]. 成都:西南财经大学出版社,2014.

[144]尤鑫. 西部地区城镇化水平与经济人口发展变化研究——基于2000—2010

年西部地区十二个省区面板数据[J]. 地理科学,2015(3).

[145]袁佳. 基于区域资源经济的城镇化发展模式研究[D]. 北京:中国地质大学,2014.

[146]张丽君. 区域经济政策[M]. 北京:中央民族大学出版社,2006.

[147]张丽君. 中国牧区生态移民可持续发展实践及对策研究[J]. 民族研究,2013(1).

[148]张寿正. 关于城市化过程中农民失地问题的思考[J]. 中国农村经济,2004(2):44-49.

[149]张五常. 中国的经济制度[M]. 北京:中信出版社,2009.

[150]张兴华. 从国外经验看中国劳动力转移的战略选择[J]. 经济研究参考,2004(81).

[151]赵金华,曹广忠,王志宝. 我国省(区)人口城镇化水平与速度的类型特征及影响因素[J]. 城市发展研究,2009,16(9):54-60.

[152]赵新平,周一星. 改革以来中国城市化道路及城市化理论研究述评[J]. 中国社会科学,2002(2):132-138.

[153]赵云忠. 浅析鄂尔多斯市投资与消费增长失衡对经济金融发展的影响[J]. 华北金融,2009(11).

[154]周维德. 关于进一步推进内蒙古城镇化的调研报告[J]. 北方经济,2015(3).

[155]周一星. 中国城镇的概念和城镇人口的统计口径[J]. 人口与经济,1989(1):9-13.

[156]周毅. 城市化理论的发展与演变[J]. 城市问题,2009(11):27-30.

[157]周玉佶. 罗斯托经济起飞中的政治思想[C]. 2009 北京地区哲学专业研究生学术论坛,2009.

[158]周元鹏. 困境与出路:提高上海市老年人口生活质量的思考[J]. 科学发展,2011(10).

[159]朱善利. 劳动力转移与经济发展[M]. 北京:经济科学出版社,2008.

[160]朱中原,包蕴."户籍改革":统一城乡户口并非终点[J]. 中国改革,2007(8):32-35.

[161]CANNCM T. Region, Inequality and Spatial Policy in China [M]//Cannon T, Jenkines A. The Geography of Contemporary China. London: Routledge, 1990.

[162]CLARK C. The Conditions of Economic Progress [M]. London: Macmillan & Co.

Ltd, 1940.

[163]CUI L, SHI J. Urbanization and Its Environmental Effects in Shanghai, China [J]. Urban Climate, 2012(2):1 - 15.

[164]FRIEDMANN J. Regional Development Policy: A Case Study of Venezuela [M]. Cambridge: MIT Press, 1966.

[165]HATTON T J, WILLIAMSON J G. What Explains Wage Gaps between Farm and City? Exploring the Todaro Model with the American Evidence: 1890 - 1941 [J]. Economic Development and Culture Change, 1992, 40(2).

[166]LIN G. The Growth and Structural Change of Chinese Cities: A Contextual and Geographic Analysis [J]. Cities, 2002(19).

[167]MYRDAL G. Economic Theory and Under - Developed Regions [M]. London: Duckworth, 1957.

[168]PERROUX F. Economic Space: Theory and Applications [J]. The Quarterly Journal of Economics, 1950, 64(1).

[169]SEEBORG M C, JIN Z, ZHU Y. The New Rural - Urban Labor Mobility in China: Causes and Implications [J]. The Journal of Socio - Economics, 2000, 29(1): 39 - 56.

[170]STARK O, BLOOM D E. The New Economics of Labor Migration [J]. Frontiers in Demographic Economics, 1985, 75(2): 173 - 178.

[171]STIGLITZ J E. The Efficiency Wage Hypothesis, Surplus Labour, and the Distribution of Income in L. D. C. s [J]. Oxford Economic Papers, 1976, 28(2): 185 - 207.

[172]WEBER C, PUISSANT A. Urbanization Pressure and Modeling of Urban Growth: Example of the Tunis Metropolitan Area[J]. Remote Sensing of Environment, 2003,86(3): 341 - 352.

[173]WILLIAMSON J G. Migrant Selectivity and Urbanization, and Industrial Revolution [J]. Population and Development Review, 1988(14).

[174]ZHAO Y. Causes and Consequences of Return Migration: Recent Evidence from China [J]. Journal of Comparative Economics, 2002(30).

附　录

附录一：历年中央一号文件相关内容

中共中央每年发布的第一份文件，即为中央一号文件，其中涉及的内容是我国全年发展进程中需要重点解决，也是亟须解决的头等大事。1949年10月1日，中华人民共和国中央人民政府开始发布《第一号文件》，“中央一号文件”现在已成为中共中央重视农村问题的专有名词。中共中央在1982年至1986年连续5年发布以农业、农村和农民为主题的中央一号文件，对农村改革和农业发展做出具体部署。2004年至2019年又连续16年发布以“三农”为主题的中央一号文件，强调了“三农”问题在中国社会主义现代化时期“重中之重”的地位。历年来，中央一号文件已成为根据我国“三农”问题具体实际制定的推动农村文化发展的重要文件。

1982年1月1日，中共中央发出第一个关于“三农”问题的中央一号文件，对迅速推开的农村改革进行了总结。文件明确指出包产到户、包干到户或大包干“都是社会主义生产责任制”，同时还说明它“不同于合作化以前的小私有的个体经济，而是社会主义农业经济的组成部分”。

1983年1月，第二个中央一号文件《当前农村经济政策的若干问题》正式颁布，从理论上说明了家庭联产承包责任制“是在党的领导下中国农民的伟大创造，是马克思主义农业合作化理论在我国实践中的新发展”。

1984年1月1日，中共中央发出《关于一九八四年农村工作的通知》，即第三个中央一号文件。文件强调要继续稳定和完善联产承包责任制，规定土地承包期一般应在15年以上，生产周期长的和开发性的项目，承包期应当更长一些。

1985年1月，中共中央、国务院发出《关于进一步活跃农村经济的十项政策》，即第四个中央一号文件。取消了30年来农副产品统购派购的制度，对粮、棉等少数重要产品采取国家计划合同收购的新政策。

1986年1月1日，中共中央、国务院下发了《关于一九八六年农村工作的部署》，即第五个中央一号文件。文件肯定了农村改革的方针政策是正确的，必须继续贯彻执行。

2004年1月，针对全国农民人均纯收入连续增长缓慢的情况，中央下发《中共中央 国务院关于促进农民增加收入若干政策的意见》，成为改革开放以来的第六个中央一号文件。

2005年1月30日，《中共中央 国务院关于进一步加强农村工作提高农业综合生产能力若干政策的意见》，即第七个中央一号文件要求，坚持"多予少取放活"的方针，稳定、完善和强化各项支农政策。当前和今后一个时期，要把加强农业基础设施建设，加快农业科技进步，提高农业综合生产能力，作为一项重大而紧迫的战略任务，切实抓紧抓好。

2006年2月，中共中央、国务院下发《中共中央 国务院关于推进社会主义新农村建设的若干意见》，即第八个中央一号文件。这份2006年中央一号文件显示，中共十六届五中全会提出的社会主义新农村建设的重大历史任务将迈出有力的一步。

2007年1月29日，《中共中央 国务院关于积极发展现代农业扎实推进社会主义新农村建设的若干意见》下发，即改革开放以来第九个中央一号文件。文件要求，发展现代农业是社会主义新农村建设的首要任务，要用现代物质条件装备农业，用现代科学技术改造农业，用现代产业体系提升农业，用现代经营形式推进农业，用现代发展理念引领农业，用培养新型农民发展农业，提高农业水利化、机械化和信息化水平，提高土地产出率、资源利用率和农业劳动生产率，提高农业素质、效益和竞争力。

2008年1月30日，《中共中央 国务院关于切实加强农业基础建设进一步促进农业发展农民增收的若干意见》下发，即改革开放以来第十个中央一号文件。该意见共分八部分，约 1.5 万字，主要内容包括：加快构建强化农业基础的长效机制；切实保障主要农产品基本供给；突出抓好农业基础设施建设；着力强化农业科技和服务体系基本支撑；逐步提高农村基本公共服务水平；稳定完善农村基本经营制度和深化农村改革；扎实推进农村基层组织建设；加强和改善党对“三农”工作的领导。

2009 年 2 月 1 日，《中共中央 国务院关于 2009 年促进农业稳定发展农民持续增收的若干意见》下发，对做好 2009 年农业农村工作，具有特殊重要的意义。扩大国内需求，最大潜力在农村；实现经济平稳较快发展，基础支撑在农业；保障和改善民生，重点难点在农民。2009 年农业农村工作的总体要求是：全面贯彻党的十七大、十七届三中全会和中央经济工作会议精神，高举中国特色社会主义伟大旗帜，以邓小平理论和“三个代表”重要思想为指导，深入贯彻落实科学发展观，把保持农业农村经济平稳较快发展作为首要任务，围绕稳粮、增收、强基础、重民生，进一步强化惠农政策，增强科技支撑，加大投入力度，优化产业结构，推进改革创新，千方百计保证国家粮食安全和主要农产品有效供给，千方百计促进农民收入持续增长，为经济社会又好又快发展继续提供有力保障。该意见共分五部分，约 1.1 万字，主要内容包括：加大对农业的支持保护力度；稳定发展农业生产；强化现代农业物质支撑和服务体系；稳定完善农村基本经营制度；推进城乡经济社会发展一体化。

2010 年 1 月 31 日，《中共中央 国务院关于加大统筹城乡发展力度进一步夯实农业农村发展基础的若干意见》下发，要求在保持政策连续性、稳定性的基础上，进一步完善、强化“三农”工作的好政策，提出了一系列新的重大原则和措施：①对“三农”投入首次强调“总量持续增加、比例稳步提高”。这一要求不仅确保了“三农”资金投入的总量，更确定了比例要稳步提高。②扩大了马铃薯良种补贴范围，新增了青稞良种补贴，实施花生良种补贴试点。把林业、牧业，抗旱、节水机械设备首次纳入补贴范围。③首次提出要在三年内消除基础金融服务空白乡镇；拓展了农业发展银行支农领域，政策性资金将有更大的“三农”舞台。④大幅度提高家电下乡产品的最高限价，允许各地根据实际增选一个品种纳入补贴范围，补贴对象也扩大到国有农林场区职工。⑤增加产粮大县奖励补助资金，提高产粮大县人均财力水平。这将有利于提高我国800个产粮大县的种粮积极性，维护我国粮食安全。

2011年1月29日发布的《中共中央 国务院关于加快水利改革发展的决定》，是21世纪以来中央关注“三农”的第八个中央一号文件，也是新中国成立62年来中央文件首次对水利工作进行全面部署。

2012年2月1日发布的《关于加快推进农业科技创新持续增强农产品供给保障能力的若干意见》，是21世纪以来指导“三农”工作的第九个中央一号文件。文件突出强调部署农业科技创新，把推进农业科技创新作为“三农”工作的重点。

2013年1月31日，《中共中央 国务院关于加快发展现代农业，进一步增强农村发展活力的若干意见》发布，中央一号文件连续第十年聚焦“三农”。

2014年1月19日，新华社受权发布《关于全面深化农村改革加快推进农业现代化的若干意见》，全文约1万字，共分8个部分33条，包括：完善国家粮食安全保障体系；强化农业支持保护制度；建立农业可持续发展长效机制；深化农村土地制度改革；构建新型农业经营体系；加快农村金融制度创新；健全城乡发展一体化体制机制；改善乡村治理机制。

2015年2月2日，中共中央、国务院印发了《关于加大改革创新力度加快农业现代化建设的若干意见》，全文约1.2万字，共涉及五大方面：围绕建设现代农业，加快转变农业发展方式；围绕促进农民增收，加大惠农政策力度；围绕城乡发展一体化，深入推进新农村建设；围绕增添农村发展活力，全面深化农村改革；围绕做好“三农”工作，加强农村法治建设。

2016年1月27日，2016年中央一号文件《关于落实发展新理念加快农业现代化实现全面小康目标的若干意见》公布，全文约1.5万字，共分6个部分30条，包括：持续夯实现代农业基础，提高农业质量效益和竞争力；加强资源保护和生态修复，推动农业绿色发展；推进农村产业融合，促进农民收入持续较快增长；推动城乡协调发展，提高新农村建设水平；深入推进农村改革，增强农村发展内生动力；加强和改善党对“三农”工作指导。

2017 年 2 月 5 日，2017 年中央一号文件《中共中央 国务院关于深入推进农业供给侧结构性改革加快培育农业农村发展新动能的若干意见》发布，全文约 1.3 万字，共分 6 个部分 33 条，包括：优化产品产业结构，着力推进农业提质增效；推行绿色生产方式，增强农业可持续发展能力；壮大新产业新业态，拓展农业产业链价值链；强化科技创新驱动，引领现代农业加快发展；补齐农业农村短板，夯实农村共享发展基础；加大农村改革力度，激活农业农村内生发展动力。

2018 年 2 月 4 日，2018 年中央一号文件《关于实施乡村振兴战略的意见》发布，全文约 1.6 万字，共分 12 个部分 49 条，包括：提升农业发展质量，培育乡村发展新动能；推进乡村绿色发展，打造人与自然和谐共生发展新格局；繁荣兴盛农村文化，焕发乡风文明新气象；加强农村基层基础工作，构建乡村治理新体系；提高农村民生保障水平，塑造美丽乡村新风貌；打好精准脱贫攻坚战，增强贫困群众获得感；推进体制机制创新，强化乡村振兴制度性供给；汇聚全社会力量，强化乡村振兴人才支撑；开拓投融资渠道，强化乡村振兴投入保障；等等。

2019 年 2 月 19 日，中共中央、国务院发布 2019 年指导“三农”工作的中央一号文件《中共中央 国务院关于坚持农业农村优先发展做好“三农”工作的若干意见》。文件共分为 8 个部分，包括：聚力精准施策，决战决胜脱贫攻坚；夯实农业基础，保障重要农产品有效供给；扎实推进乡村建设，加快补齐农村人居环境和公共服务短板；发展壮大乡村产业，拓宽农民增收渠道；全面深化农村改革，激发乡村发展活力；完善乡村治理机制，保持农村社会和谐稳定；发挥农村党支部战斗堡垒作用，全面加强农村基层组织建设；加强党对“三农”工作的领导，落实农业农村优先发展总方针。

附录二：《中国共产党第十九届中央委员会第五次全体会议公报》相关内容

一、乡村振兴的相关内容

全会提出了“十四五”时期经济社会发展主要目标，其中之一是经济发展取得新成效，在质量效益明显提升的基础上实现经济持续健康发展，增长潜力充分发挥，国内市场更加强大，经济结构更加优化，创新能力显著提升，产业基础高级化、产业链现代化水平明显提高，农业基础更加稳固，城乡区域发展协调性明显增强，现代化经济体系建设取得重大进展。

全会提出了“十四五”时期经济社会发展主要目标，其中之一是民生福祉达到新水平，实现更加充分更高质量就业，居民收入增长和经济增长基本同步，分配结构明显改善，基本公共服务均等化水平明显提高，全民受教育程度不断提升，多层次社会保障体系更加健全，卫生健康体系更加完善，脱贫攻坚成果巩固拓展，乡村振兴战略全面推进。

全会提出，优先发展农业农村，全面推进乡村振兴。坚持把解决好“三农”问题作为全党工作重中之重，走中国特色社会主义乡村振兴道路，全面实施乡村振兴战略，强化以工补农、以城带乡，推动形成工农互促、城乡互补、协调发展、共同繁荣的新型工农城乡关系，加快农业农村现代化。要保障国家粮食安全，提高农业质量效益和竞争力，实施乡村建设行动，深化农村改革，实现巩固拓展脱贫攻坚成果同乡村振兴有效衔接。

二、城镇化的相关内容

全会提出，优化国土空间布局，推进区域协调发展和新型城镇化。坚持实施区域重大战略、区域协调发展战略、主体功能区战略，健全区域协调发展体制机制，完善新型城镇化战略，构建高质量发展的国土空间布局和支撑体系。要构建国土空间开发保护新格局，推动区域协调发展，推进以人为核心的新型城镇化。

附录三：《中共中央关于制定国民经济和社会发展第十四个五年规划和二〇三五年远景目标的建议》相关内容

到二〇三五年基本实现社会主义现代化远景目标。党的十九大对实现第二个百年奋斗目标做出分两个阶段推进的战略安排，即到二〇三五年基本实现社会主义现代化，到本世纪中叶把我国建成富强民主文明和谐美丽的社会主义现代化强国。展望二〇三五年，我国经济实力、科技实力、综合国力将大幅跃升，经济总量和城乡居民人均收入将再迈上新的大台阶，关键核心技术实现重大突破，进入创新型国家前列；基本实现新型工业化、信息化、城镇化、农业现代化，建成现代化经济体系；基本实现国家治理体系和治理能力现代化，人民平等参与、平等发展权利得到充分保障，基本建成法治国家、法治政府、法治社会；建成文化强国、教育强国、人才强国、体育强国、健康中国，国民素质和社会文明程度达到新高度，国家文化软实力显著增强；广泛形成绿色生产生活方式，碳排放达峰后稳中有降，生态环境根本好转，美丽中国建设目标基本实现；形成对外开放新格局，参与国际经济合作和竞争新优势明显增强；人均生产总值达到中等发达国家水平，中等收入群体显著扩大，基本公共服务实现均等化，城乡区域发展差距和居民生活水平差距显著缩小；平安中国建设达到更高水平，基本实现国防和军队现代化；人民生活更加美好，人的全面发展、全体人民共同富裕取得更为明显的实质性进展。

一、乡村振兴的相关内容——优先发展农业农村，全面推进乡村振兴

坚持把解决好“三农”问题作为全党工作重中之重，走中国特色社会主义乡村振兴道路，全面实施乡村振兴战略，强化以工补农、以城带乡，

推动形成工农互促、城乡互补、协调发展、共同繁荣的新型工农城乡关系，加快农业农村现代化。

（一）提高农业质量效益和竞争力

适应确保国计民生要求，以保障国家粮食安全为底线，健全农业支持保护制度。坚持最严格的耕地保护制度，深入实施藏粮于地、藏粮于技战略，加大农业水利设施建设力度，实施高标准农田建设工程，强化农业科技和装备支撑，提高农业良种化水平，健全动物防疫和农作物病虫害防治体系，建设智慧农业。强化绿色导向、标准引领和质量安全监管，建设农业现代化示范区。推动农业供给侧结构性改革，优化农业生产结构和区域布局，加强粮食生产功能区、重要农产品生产保护区和特色农产品优势区建设，推进优质粮食工程。完善粮食主产区利益补偿机制。保障粮、棉、油、糖、肉等重要农产品供给安全，提升收储调控能力。开展粮食节约行动。发展县域经济，推动农村一二三产业融合发展，丰富乡村经济业态，拓展农民增收空间。

（二）实施乡村建设行动

把乡村建设摆在社会主义现代化建设的重要位置。强化县城综合服务能力，把乡镇建成服务农民的区域中心。统筹县域城镇和村庄规划建设，保护传统村落和乡村风貌。完善乡村水、电、路、气、通信、广播电视、物流等基础设施，提升农房建设质量。因地制宜推进农村改厕、生活垃圾处理和污水治理，实施河湖水系综合整治，改善农村人居环境。提高农民科技文化素质，推动乡村人才振兴。

（三）深化农村改革

健全城乡融合发展机制，推动城乡要素平等交换、双向流动，增强农业农村发展活力。落实第二轮土地承包到期后再延长三十年政策，加快培育农民合作社、家庭农场等新型农业经营主体，健全农业专业化社会化服务体系，发展多种形式适度规模经营，实现小农户和现代农业有机衔接。健全城乡统一的建设用地市场，积极探索实施农村集体经营性建设用地入市制度。建立土地征收公共利益用地认定机制，缩小土地征收范围。探索宅基地所有权、资格权、使用权分置实现形式。保障进城落户农民土地承包权、宅基地使用权、集体收益分配权，鼓励依法自愿有偿转让。深化农村集体产权制度改革，发展新型农村集体经济。健全农村金融服务体系，发展农业保险。

（四）实现巩固拓展脱贫攻坚成果同乡村振兴有效衔接

建立农村低收入人口和欠发达地区帮扶机制，保持财政投入力度总体稳定，接续推进脱贫地区发展。健全防止返贫监测和帮扶机制，做好易地扶贫搬迁后续帮扶工作，加强扶贫项目资金资产管理和监督，推动特色产业可持续发展。健全农村社会保障和救助制度。在西部地区脱贫县中集中支持一批乡村振兴重点帮扶县，增强其巩固脱贫成果及内生发展能力。坚持和完善东西部协作和对口支援、社会力量参与帮扶等机制。

二、城镇化的相关内容——优化国土空间布局，推进区域协调发展和新型城镇化

坚持实施区域重大战略、区域协调发展战略、主体功能区战略，健全区域协调发展体制机制，完善新型城镇化战略，构建高质量发展的国土空间布局和支撑体系。

（一）推动区域协调发展

推动西部大开发形成新格局，推动东北振兴取得新突破，促进中部地区加快崛起，鼓励东部地区加快推进现代化。支持革命老区、民族地区加快发展，加强边疆地区建设，推进兴边富民、稳边固边。推进京津冀协同发展、长江经济带发展、粤港澳大湾区建设、长三角一体化发展，打造创新平台和新增长极。推动黄河流域生态保护和高质量发展。高标准、高质量建设雄安新区。坚持陆海统筹，发展海洋经济，建设海洋强国。健全区域战略统筹、市场一体化发展、区域合作互助、区际利益补偿等机制，更好促进发达地区和欠发达地区、东中西部和东北地区共同发展。完善转移支付制度，加大对欠发达地区财力支持，逐步实现基本公共服务均等化。

（二）推进以人为核心的新型城镇化

实施城市更新行动，推进城市生态修复、功能完善工程，统筹城市规划、建设、管理，合理确定城市规模、人口密度、空间结构，促进大中小城市和小城镇协调发展。强化历史文化保护、塑造城市风貌，加强城镇老旧小区改造和社区建设，增强城市防洪排涝能力，建设海绵城市、韧性城市。提高城市治理水平，加强特大城市治理中的风险防控。坚持房子是用来住的、不是用来炒的定位，租购并举、因城施策，促进房地产市场平稳健康发展。有效增加保障性住房供给，完善土地出让收入分配机制，探索支持利用集体建设用地按照规划建设租赁住房，完善长租房政策，扩大保障性租赁住房供给。深化户籍制度改革，完善财政转移支付和城镇新增建设用地规模与农业转移人口市民化挂钩政策，强化基本公共服务保障，加快农业转移人口市民化。优化行政区划设置，发挥中心城市和城市群带动作用，建设现代化都市圈。推进成渝地区双城经济圈建设。推进以县城为重要载体的城镇化建设。

附录四：《内蒙古自治区 2021 年新型城镇化和城乡融合发展重点任务》

为深入贯彻国家《2021 年新型城镇化和城乡融合发展重点任务》及自治区党委、政府有关决策部署，推进有关工作落地见效，现提出 2021 年度重点任务。

一、总体要求

以习近平新时代中国特色社会主义思想为指导，全面贯彻党的十九大和十九届二中、三中、四中、五中全会精神，坚持稳中求进工作总基调，紧紧围绕开好局起好步这个中心，立足我区城镇化发展实际，统筹东中西部城镇化发展，培育区域中心城市，推动以县城为重要载体的城镇化建设，着力构建多中心带动、多层级联动、多节点互动的新型城镇化格局，推动城乡融合发展，为开启建设社会主义现代化新征程提供支撑。

二、推进农牧业转移人口全面融入城市

（一）全面落实户籍改革政策

督查《内蒙古自治区人民政府办公厅关于全面放开城镇落户限制 深化户籍制度改革的实施意见》（内政办发〔2019〕2号）落实情况，将户口迁移政策落实到位。针对全面放开城镇落户限制成效不彰的实际，研究进一步优化落户办理流程，实行限时办理的具体办法。以农村牧区升学和退出部队现役的农村牧区籍义务兵和士官等进入城镇的人口、在城镇居住半年以上且具备在城镇工作生活能力的农牧业转移人口、新生代农牧民工三类人群为重点，加强统计摸排工作，推进重点群体落户城镇。开展以经常居住地登记户口制度相关政策研究。继续加强对自治区落户政策宣传解读，消除农牧民落户城镇顾虑。（自治区公安厅、人力资源社会保障厅、农牧厅，盟市有关部门）

（二）推进常住人口基本公共服务全覆盖

有序扩大居住证附加的公共服务和便利项目，切实提高有意愿的未落户常住人口居住证持证比例。鼓励设市城市、旗县城关镇和规模较大中心镇，扩大义务教育阶段公办学校学位供给。扩大教师“县管校聘”改革试点范围，持续推进县域内义务教育学校校长教师交流轮岗，支持建设城乡学校共同体。多渠道增加农村牧区普惠性学前教育资源供给。提高农村牧区小规模学校和苏木乡镇寄宿制学校办学水平和学生寄宿条件。简化社保转移接续程序。推进“县乡一体、乡村一体”卫生服务体系建设。加强市域、县域医共体建设。增加异地就医住院医疗费用直接结算定点医疗机构数量，有序推进门诊特殊慢性病费用直接结算试点。（自治区教育厅、卫生健康委、人力资源社会保障厅、公安厅、医保局，盟市有关部门）

（三）提升农牧业转移人口技能素质

深入实施春潮行动、求学圆梦行动、新生代农牧民工职业技能提升行动。高质量推进补贴性培训，完成职业技能提升行动实施方案60万人次目

标。结合各盟市实际，有针对性开展农牧民工返乡创业培训。鼓励企业开展新型学徒制培训并按规定给予补贴。高职扩招向新型职业农牧民、农牧民工群体和农村牧区急需专业倾斜。面向农牧民就业创业需求，建设一批产教融合基地。鼓励开展学用结合的耕读教育。加大涉农高校、涉农职业院校、涉农学科建设力度。鼓励带技术的农牧民工返乡创业。（自治区人力资源社会保障厅、农牧厅、教育厅，盟市有关部门）

（四）健全配套政策体系

加大农牧业转移人口市民化奖励资金支持、城镇建设用地增加规模与吸纳落户数量挂钩力度。依法建立进城落户农牧民农村牧区“三权”保护和退出机制。启动2020年版《内蒙古新型城镇化进程监测方案》，以第七次全国人口普查结果为基础，按年度公布城镇化数据，结合大数据技术建立常态化统计机制。（自治区财政厅、自然资源厅、农牧厅、统计局，盟市有关部门）

三、提升城市群承载能力

（一）健全城市群协同发展机制

上半年编制完成《呼包鄂及乌兰察布协同发展规划》。推进呼包鄂乌四市基础设施互联互通、生态环境联保共治、公共服务普惠共享、产业发展分工协作，推进公共服务、文化旅游等一体化发展。有序推动政务服务事项标准化、规范化、精细化梳理，将更多的事项纳入政务服务事项清单管理。健全城市群多层次协调机制和成本共担利益共享机制，研究提出城市群协同发展与一体化发展年度重点议题，办好2021年度呼包鄂榆城市群及呼包鄂乌协同发展党政联席会议。（自治区政府办公厅、发展改革委、交通运输厅、生态环境厅、工业和信息化厅、卫生健康委、政务服务局，呼包鄂乌四市有关部门）

（二）建设轨道上的城市群

加快包银、集大高铁建设进度，争取及早投入运行。加大新建包鄂高铁、呼鄂城际、呼包高铁前期工作力度，争取进入国家专项规划并在“十四五”期间开工建设。开展新建集通长快速铁路前期研究。完善城市群与外部快速铁路连接通道，按照无缝接驳、便捷换乘要求，研究建设呼包鄂乌综合客运枢纽和衔接高效的综合货运枢纽。（自治区发展改革委、交通运输厅、中国铁路呼和浩特局集团有限公司，呼包鄂乌四市有关部门）

四、促进城镇协调发展

（一）培育现代化都市圈和区域中心城市

呼和浩特市以提高首位度为目标，推进以产兴城，增强经济和人口承载能力，积极引领呼包鄂乌 1 小时经济圈，深度融入京津冀两小时经济圈，打造美丽青城、草原都市，建设现代化区域性中心城市。赤峰、通辽两市立足区位优势，大力发展优势特色产业，积极融入京津冀经济圈和东北经济带，增强对周边人口吸引力，培育成为区域中心城市。以盟市、计划单列市驻地城市为节点，推动城市集中集约开发，着力提高公共服务质量，提升城市发展品质，促进区域中高端人群向中心城区聚集。（盟市有关部门）

（二）加快推进县城补短板强弱项

按照国家确定的 4 大领域 17 项建设任务，加强项目谋划和前期工作，各级政府部门聚焦用力、协同推进，积极争取国家有关部门对口支持。健全工商资本投入引导机制和政银企对接机制，吸引中长期信贷资金积极投入。发挥宁城县、满洲里市国家县城新型城镇化示范地区带动作用。结合新型城镇化建设，完善易地扶贫搬迁大型安置区基础设施和公共服务设施。（自治区发展改革委、财政厅、住房城乡建设厅、卫生健康委、生态环境厅、农牧厅、民政厅、交通运输厅、文化和旅游厅、开发银行内蒙古分行、农业发展银行内蒙古分行，盟市有关部门）

（三）促进特色小镇规范健康发展

按照国家统一部署，开展特色小镇核查，上半年建立自治区特色小镇清单，形成统一管理、动态调整机制。依照国家特色小镇发展导则，围绕做强主导产业这个目标，强化正面引导和分类指导，加快违规行为整改。

（自治区发展改革委、自然资源厅、生态环境厅、住房城乡建设厅、林草局、体育局，盟市有关部门）

（四）建设新型智慧城市

依托智慧城市、数字政府、数字社会统一支撑平台，建设智慧交通、智慧城管等信息平台，带动市政公用设施智能化升级，改造交通、公安和水电气热等重点领域终端系统。建设“城市大脑”等智慧化平台，推动数据整合共享，提升城市运行管理和应急处置能力。开展智慧城市与数字乡村建设协调发展、试点示范和应用推广，全面推行行政服务“一网通办”、城市运行“一网通管”。启动呼包鄂乌新型智慧城市一体化建设。（自治区发展改革委、交通运输厅、通讯管理局、党委网信办，盟市有关部门）

五、提升城市治理水平

（一）增强城市发展韧性

建设“源头减量、雨水收排、防涝除险、应急预警、智慧管理”的城市排水防涝体系，构建安全高效的城市排水防涝系统。以“渗滞蓄净用排”等为手段，逐步落实海绵城市建设。建立城乡建设基础设施档案管理体系，提升抗震防灾水平。（自治区住房城乡建设厅，盟市有关部门）

（二）改善城市人居环境

推广开展绿色社区创建行动。继续开展城镇老旧小区改造，年内完成老旧小区改造 24 万户。系统推进海绵城市建设，统筹抓好城市排水防涝工作。实施城市生态修复功能完善工程，修复城市生态系统，提升人居环境治理。巩固城市黑臭水体治理成效。提升城镇园林绿化品质。加强城镇道路缘石坡道路和盲道、无障碍停车位、无障碍电梯入口、公共活动区域等无障碍设施建设。（自治区住房城乡建设厅、文化和旅游厅、民政厅、水利厅，盟市有关部门）

（三）加强规划引领

编制完成自治区、盟市、旗县三级国土空间规划，科学划分城市化地区、农产品主产区、生态功能区三大空间，明确多中心带动、多层级联动、多节点互动的城镇化体系。加快编制《自治区新型城镇化规划（2021—2035年）》，明确城镇化发展的着力点、主攻方向、重点任务和保障措施。（自治区自然资源厅、发展改革委，盟市有关部门）

（四）加强基层社会治理

以社区综合服务设施为依托，整合各类服务资源，对接社区居民需求、提供便捷优质服务。稳慎开展行政区划变更的审核申报，做到控制总量、优化数量、提升质量。加强培育行业协会和社会服务组织力度，探索符合自治区特点有效路径。持续加强社会工作及人才队伍建设。推进呼和浩特市精细化管理试点。深化大杨树镇、乌兰木伦镇、乌斯太镇等经济发达镇行政管理体制改革试点。（自治区民政厅、党委编办，盟市有关部门）

六、加快推进城乡融合发展

（一）制定自治区建立健全城乡融合发展体制机制和政策体系实施意见

深入贯彻中共中央、国务院《关于建立健全城乡融合发展体制机制和政策体系的意见》（中发〔2019〕12号），结合自治区实际，制定具体政策措施，形成实施意见，提请以自治区党委、政府名义印发实施。（自治区发展改革委）

（二）促进人才入乡就业创业

各盟市选择1～2个旗县作为试点，制定人才加入乡村实施细则，在户籍、投资入股、合作等方面给予优惠政策，吸引人才入乡。完善农牧民工返乡创业服务体系。在农畜产品主产区，鼓励探索建立科研人员到乡村兼职和离岗创业制度。深入推行科技特派员制度，动员科技人员到农村牧区开展科技服务和创新创业活动。（自治区人力资源社会保障厅、科技厅、农牧厅，盟市有关部门）

（三）推动工商资本下乡

推进“万企帮万村”行动与乡村振兴战略有效衔接，开展万企兴万村行动，推进农村牧区产业融合发展。引导涉农金融机构回归本源，鼓励金融机构加大对乡村振兴重点帮扶旗县的资源投入，支持脱贫地区发展特色产业。（自治区工商联、人行呼和浩特中心支行，盟市有关部门）

（四）深化农村牧区土地制度改革

开展第二轮土地承包到期后再延长30年试点。对农村牧区集体产权制度改革进行总结验收，年内全面完成农村牧区集体产权制度改革。稳妥开展农村牧区宅基地制度改革试点和农村牧区闲置宅基地、闲置住宅盘活利用试点。（自治区农牧厅，盟市有关部门）

（五）推动公共设施向乡村延伸

统筹规划供水供气供热等重要市政公用设施，推动向城市郊区乡村和规模较大中心镇延伸覆盖。推进城乡道路客运一体化发展，推进客运站改建迁建和功能提升，支持城郊承接城市专业市场和物流基地疏解，在县乡村合理布局冷链物流设施、配送投递设施和农贸市场网络，畅通农畜产品进城和工业品入乡通道。（自治区发展改革委、交通运输厅、住房城乡建设厅、商务厅，盟市有关部门）

七、组织实施

（一）压实地方责任

将常住人口城镇化率作为盟市推动高质量发展的指标进行考核。各盟市发展改革部门要联合同级有关部门，结合实际做好组织调度和任务分解，及时总结评估任务落实情况，协调解决存在的问题。旗县市区级政府要将各项任务落实到具体事项，建立工作台账，制订推进计划。

（二）强化部门协调

自治区各部门要进一步提高政治站位，将推进以人为核心的新型城镇化、促进城乡融合作为重点工作，抓好综合协调、督促落实工作，确保新型城镇化和城乡融合工作不断取得新成效。

附录五：内蒙古自治区新型城镇化公众调查问卷

您好！

我们是内蒙古师范大学政府管理学院新型城镇化课题组，为了更加客观地掌握我区新型城镇化的执行情况，总结取得的成绩以及存在的问题，为科学调整新型城镇化规划提供依据，我们设计了如下调查问卷。我们对您的选择结果严格保密，衷心感谢您抽出宝贵时间参与问卷调查。

一、基本信息

1. 性别

A. 男　　B. 女

2. 年龄

A. 18 岁以下　　B. 18～25 岁　　C. 26～35 岁　　D. 36～45 岁

E. 46～60 岁　　F. 60 岁以上

3. 受教育程度

A. 初中及以下　　B. 高中或中专　　C. 大专　　D. 大学本科

E. 硕士及以上

4. 职业

A. 工人　　B. 农民

C. 外来（外出）务工人员　　D. 公司职员

E. 私营企业主、个体工商户　　F. 公务员

G. 离退休人员　　H. 军人

I. 学生　　J. 其他职业

K. 无固定职业

5. 居住所在盟市

A. 呼和浩特市　　B. 包头市

C. 鄂尔多斯市　　D. 乌兰察布市

E. 巴彦淖尔市　F. 乌海市

G. 阿拉善盟　H. 锡林郭勒盟

I. 呼伦贝尔市　J. 兴安盟

K. 通辽市　L. 赤峰市

M. 满洲里市　N. 二连浩特市

6. 居住所在地

A. 省会城市/计划单列市　B. 地级市

C. 县级市　D. 建制镇（含县城关镇）

E. 农村

7. 年收入为

A. 2 万元以下　B. 2 万 ~3 万元

C. 4 万 ~5 万元　D. 6 万 ~8 万元

E. 9 万 ~12 万元　F. 13 万 ~15 万元

G. 15 万元以上

二、对城镇化建设的感受

8. 您对我区城镇化建设发展情况的总体评价是：

A. 非常满意　B. 比较满意　C. 一般　D. 不太满意

E. 非常不满意

9. 与两年前相比，您认为农牧民落户条件的改善情况：

A. 很好　B. 较好　C. 一般　D. 较差

E. 很差

10. 您对居住证持有者享受的服务和权利的总体评价是：

A. 非常满意　B. 比较满意　C. 一般　D. 不太满意

E. 非常不满意

11. 您是否了解绿色城镇建设？

A. 了解　B. 不了解

12. 您是否了解海绵城镇建设？

A. 了解　B. 不了解

13. 您是否了解智慧城市建设？

A. 了解　　　B. 不了解

14. 您是否了解人文城镇建设？

A. 了解　　　B. 不了解

15－1. 您对自治区城镇交通运输体系状况（指城镇交通和路网结构、公共交通、城际立体交通网络等）的总体评价是：

A. 非常满意　B. 比较满意　C. 一般　D. 不太满意

E. 非常不满意　F. 不清楚/不了解

15－2. 与两年前相比，您居住所在地的交通运输情况：

A. 大幅提高　B. 有所提高　C. 没变化　D. 有所下降

E. 大幅下降

16－1. 您对自治区城镇市政公用设施（指水、电、气和污水垃圾等设施建设、城市综合管廊建设、便民利民服务设施等）的总体评价是：

A. 非常满意　B. 比较满意　C. 一般　D. 不太满意

E. 非常不满意　F. 不清楚/不了解

16－2. 与两年前相比，您居住所在地的市政公用设施改善情况：

A. 大幅提高　B. 有所提高　C. 没变化　D. 有所下降

E. 大幅下降

17－1. 您对自治区城镇公共服务水平（指城镇学校、医院、文化、体育、市场、养老、治安、社区服务等建设）的总体评价是：

A. 非常满意　B. 比较满意　C. 一般　D. 不太满意

E. 非常不满意　F. 不清楚/不了解

17－2. 与两年前相比，您居住所在地的公共服务水平改善情况：

A. 大幅提高　B. 有所提高　C. 没变化　D. 有所下降

E. 大幅下降

18－1. 您对自治区城镇治理水平（指城市执法体制改革和改进城市管理工作、加强城镇综合防灾系统建设及社会治理方式的改进等）的总体评价是：

A. 非常满意　B. 比较满意　C. 一般　D. 不太满意

E. 非常不满意　F. 不清楚/不了解

18－2. 与两年前相比，您居住所在地的城镇治理水平改善情况：

A. 大幅提高　B. 有所提高　C. 没变化　D. 有所下降

E. 大幅下降

19－1. 您对自己住房状况的总体评价是：

A. 非常满意　B. 比较满意　C. 一般　D. 不太满意

E. 非常不满意

19－2. 与两年前相比，您的住房条件改善情况：

A. 大幅提高　B. 有所提高　C. 没变化　D. 有所下降

E. 大幅下降

20－1. 您对自治区环境状况的总体评价是：

A. 非常满意　B. 比较满意　C. 一般　D. 不太满意

E. 非常不满意

20－2. 与两年前相比，您居住所在地的生态环境变化情况：

A. 极大改善　B. 有所改善　C. 变化不大　D. 有所恶化

E. 严重恶化

21. 您对所享有的社会保障总体评价是：

A. 非常满意　B. 比较满意　C. 一般　D. 不太满意

E. 非常不满意

22. 为更好满足人民日益增长的美好生活需要，使人民获得感、幸福感、安全感更加充实、更有保障、更可持续，您认为在新型城镇化建设领域还应该从哪些方面加强？

附　表

附表 1　2007—2018 年我国 31 个省区市城镇化率　（%）

省区市	2007	2008	2009	2010	2011	2012	2013	2014	2015	2016	2017	2018
北京	84. 50	84. 90	85. 00	85. 96	86. 20	86. 20	86. 30	86. 35	86. 50	86. 50	86. 50	86. 50
天津	76. 31	77. 23	78. 01	79. 55	80. 50	81. 55	82. 01	82. 27	82. 64	82. 93	82. 93	83. 15
河北	40. 25	41. 90	43. 74	44. 50	45. 60	46. 80	48. 12	49. 33	51. 33	53. 32	55. 01	56. 43
山西	44. 03	45. 11	45. 99	48. 05	49. 68	51. 26	52. 56	53. 79	55. 03	56. 21	57. 34	58. 41
内蒙古	50. 15	51. 71	53. 40	55. 50	56. 62	57. 74	58. 71	59. 51	60. 30	61. 19	62. 02	62. 70
辽宁	59. 20	60. 05	60. 35	62. 10	64. 05	65. 65	66. 45	67. 05	67. 35	67. 37	67. 49	68. 10
吉林	53. 16	53. 21	53. 32	53. 35	53. 40	53. 70	54. 20	54. 81	55. 31	55. 97	56. 65	57. 53
黑龙江	53. 90	55. 40	55. 50	55. 66	56. 50	56. 90	57. 40	58. 01	58. 80	59. 20	59. 40	60. 10
上海	88. 70	88. 60	88. 60	89. 30	89. 30	89. 30	89. 60	89. 60	87. 60	87. 90	87. 70	88. 10
江苏	53. 20	54. 30	55. 60	60. 58	61. 90	63. 00	64. 11	65. 21	66. 52	67. 72	68. 76	69. 61
浙江	57. 20	57. 60	57. 90	61. 62	62. 30	63. 20	64. 00	64. 87	65. 80	67. 00	68. 00	68. 90
安徽	38. 70	40. 50	42. 10	43. 01	44. 80	46. 50	47. 86	49. 15	50. 50	51. 99	53. 50	54. 69
福建	51. 40	53. 00	55. 10	57. 10	58. 10	59. 60	60. 77	61. 80	62. 60	63. 60	64. 80	65. 80
江西	39. 80	41. 36	43. 18	44. 06	45. 70	47. 51	48. 87	50. 22	51. 62	53. 10	54. 60	56. 00
山东	46. 75	47. 60	48. 32	49. 70	50. 95	52. 43	53. 75	55. 01	57. 01	59. 02	60. 58	61. 18
河南	34. 34	36. 03	37. 70	38. 50	40. 57	42. 43	43. 80	45. 20	46. 85	48. 50	50. 16	51. 71
湖北	44. 30	45. 20	46. 00	49. 70	51. 83	53. 50	54. 51	55. 67	56. 85	58. 10	58. 30	60. 30
湖南	40. 45	42. 15	43. 20	43. 30	45. 10	46. 65	47. 96	49. 28	50. 89	52. 75	54. 62	56. 02
广东	63. 14	63. 37	63. 40	66. 18	66. 50	67. 40	67. 76	68. 00	68. 71	69. 20	69. 85	70. 70
广西	36. 24	38. 16	39. 20	40. 00	41. 80	43. 53	44. 81	46. 01	47. 06	48. 08	49. 21	50. 22
海南	47. 20	48. 00	49. 13	49. 80	50. 50	51. 60	52. 74	53. 76	55. 12	56. 78	58. 04	59. 06
重庆	48. 30	49. 99	51. 59	53. 02	55. 02	56. 98	58. 34	59. 60	60. 94	62. 60	64. 08	65. 50
四川	35. 60	37. 40	38. 70	40. 18	41. 83	43. 53	44. 90	46. 30	47. 69	49. 21	50. 79	52. 29
贵州	28. 24	29. 11	29. 89	33. 81	34. 96	36. 41	37. 83	40. 01	42. 01	44. 15	46. 02	47. 52
云南	31. 60	33. 00	34. 00	34. 70	36. 80	39. 31	40. 48	41. 73	43. 33	45. 03	46. 69	47. 81
西藏	21. 50	21. 90	22. 30	22. 67	22. 71	22. 75	23. 71	25. 75	27. 74	29. 56	30. 90	31. 14
陕西	40. 62	42. 10	43. 50	45. 76	47. 30	50. 02	51. 31	52. 57	53. 92	55. 34	56. 79	58. 41

续表

省区市	2007	2008	2009	2010	2011	2012	2013	2014	2015	2016	2017	2018
甘肃	32.25	33.56	34.89	36.12	37.15	38.75	40.13	41.68	43.19	44.69	46.39	47.69
青海	40.07	40.86	41.90	44.72	46.22	47.44	48.51	49.78	50.30	51.63	53.07	54.47
宁夏	44.02	44.98	46.10	47.90	49.82	50.67	52.01	53.61	55.23	56.29	57.98	58.88
新疆	39.15	39.64	39.85	43.01	43.54	43.98	44.47	46.07	47.23	48.35	49.38	50.91

数据来源：中国经济与社会发展统计数据库、各省区市国民经济与社会发展统计公报。

致　谢

经过改革开放40多年来的建设和发展，我国城镇化取得了巨大成就，但仍处于由高速增长向高质量发展的转型探索阶段，尤其是对于牧区这样的特殊区域。牧区新型城镇化不仅有利于解决当前牧区发展困境，还有利于缩小城乡差距、实现农牧业现代化。基于此，本书以《乡村振兴视域下牧区新型城镇化研究》为题，在全面推进新型城镇化及乡村振兴发展战略的指引下，对牧区新型城镇化问题进行了深入研究。牧区城镇化进程中的痛点和难点是本书研究的重点，本书对牧区城镇化问题进行了切实可行的路径分析，为实现牧区新型城镇化提供了政策建议，以供决策部门参考。这也是本书写作的初衷。

本书是国家民委民族研究青年项目“民族地区乡村振兴视域下牧区城镇化研究”的结项成果，也是国家社会科学基金项目“改革开放40年牧区城镇化发展的制约因素与路径探寻研究”的阶段性成果。研究难点在于改革开放40多年来牧区的数据较少，关于牧区城镇化的研究也较少，缺乏实证与理论基础。实证研究、归纳牧区城镇化的特殊性，并在此基础上探讨其发展路径，工作量非常大，内容非常烦琐。已有学者关注西部地区城镇化道路问题，但由于对西部地区区情，尤其是对西部民族地区区域特征掌握不充分，其所构想的城镇化模式可行性较差。在项目研究过程中，项目组对不同经济类型区域进行了比较，有助于针对不同区域有针对性地设计相应的模式；在牧区城镇化建设中融入特色牧区城镇理念，如民族文化、草原生态景观、人文景观、名胜古迹等。这些既拓宽了人们看待牧区城镇化问题的视野，又为民族地区制定牧区城镇化的相关政策提供了理论基石。

本书的完成非我一人之力，在此，向我的恩师、同门师妹以及为本书出版付出努力或给予帮助的朋友毫不保留地表达我最真挚的感谢。

感谢我的恩师——中央民族大学经济学院院长张丽君教授的悉心培养。在张丽君老师的指导下，我顺利完成了博士论文《内蒙古新型城镇化研究》。本书正是对我博士论文研究内容的进一步提炼和补充。

感谢同门师妹贾晓华博士提供的思路。贾晓华博士对牧区城镇化研究有着深入、独到的见解。本书在写作过程中，尤其在研究思路及论述方面，得到了贾晓华博士的大力支持与帮助。

感谢调研地区当地政府及工作人员的大力支持。本书着眼牧区新型城镇化，需要深入牧区一线了解现状、收集数据等。在调研过程中，项目组得到了牧区政府领导和工作人员的积极配合与支持，使调研工作得以顺利完成。

限于篇幅，不能一一列出为本书出版付出努力或给予帮助的朋友，在此一并再次表示感谢。

本人长期从事牧区城镇化研究，并取得了一定研究成果，本书也汇集了多年来我关于牧区城镇化问题的学术研究成果和调研报告。然而，牧区城镇化研究是一项重要且艰难的系统工程，在研究过程中我也深感自身能力有限，书中有不当之处在所难免，也希望借出版之机，得到学界同仁和读者朋友的批评指正，使研究成果日臻完善。

内蒙古师范大学　拓俊杰

2021 年 8 月